新規事業がうまくいかない理由

「プロ」が教える成功法則

(株)フロイデ
坂本桂一

東洋経済新報社

序

自分で、過去、何十社も会社を立ち上げてきました。ハイテク企業あり、流通会社あり、海外とのジョイントベンチャーあり、レース会社あり、いろいろです。非常に有名になった会社、プロダクトもありますし、がんばってもがんばっても、いい商品なのにまったく売れなかったこともあります。

思うように成長した成功例も見ましたし、失敗して財産を失ったこともあります。そのほかにも、いろいろな会社の立ち上げにかかわってきました。こちらのほうが、さらにいろんなカテゴリーに及びます。ニューエコノミーもあれば、オールドエコノミーもあります。

そのせいもあり、人からいろいろ相談されるようになり、さらにいろんな会社、いろんな事業の立ち上げに立ち会うようになりました。

今回の本は、企業内起業、企業内で企業そのものかあるいは企業内個人が新規事業を立ち上げることをテーマに書いたものです。

個人のベンチャー立ち上げにも、もちろん役立つと思いますが、あくまで題材は企業内起業に限っています。

実際のビジネス立ち上げの現場に行きますと、非常に多くの人が困っています。むしろ、ほとんどの人が困っているといってもいいくらいです。

たとえば――、
新規ビジネスをはじめてみたが、まったく売上げが伸びない。

社長命令で新規事業を立ち上げようとしているが、どうしたらいいかまったくわからない。

社内公募制を敷いたが、全然アイデアが集まらない。

すぐれたアイデアを実現したいのに本社の役員に反対され、実行できない。

もう少し続ければ、必ず成功すると思われるのに、予算をカットされてしまった。

社長の肝いりではじめたビジネスなので、ダメとわかっていても誰もストップできない。

どうも、毎日無駄な動きをしているように思えて仕方がない。本当は何をやったらいいのか。

予算をもらって、社内アイデアをビジネス化してきたが、五年たってもいまだ鳴かず飛ばずで、この先どうしたらいいか皆目、見当がつかない。

もうやめたほうがいいと思っているビジネスなのに、誰もやめろといわない。どうしたらやめさせてくれるのか。

毎日が閉塞感で押しつぶされそうである。どうしたらいいかわからない。やれることはすべてやっているのだが。いったいどうしたら、脱出できるのか。

社内に営業できる人がいない、すぐれた技術はあるのだが。

マーケティングの経験がないので、どうしたらいいかわからない。

などなど。

じつは、新規事業立ち上げの現場では誰もが困っているのです。

その原因は、世の中に新規事業を立ち上げて成功したという人が少ないこと。とくに、企業内にはほとんどいません。

さらにいえば、自分で新規事業を立ち上げた人でも、厳密には一例知っているだけのことですから、偶然成功したのかもしれず、一般化しては役に立たないかもしれません。

そのためか、皆、独力で新規事業を立ち上げようとしているような状態で、どうすれば立ち上がるのかは、企業内の常識、企業内に蓄積された知恵、先輩のアドバイスに頼らざるをえません。

ところが、先輩も、取締役も会社を立ち上げた経験などないのです。

残念ながら彼らの常識は、すでに立ち上がった会社のためのもので、新規事業を立ち上げる時には実際には、足を引っ張ってしまうタイプの「常識」のほうが多いのです。

しかも、自分で立ち上げた人はいても、アドバイスして人を成功させたことがある人は、なお少ない。

コンサルティング会社でも実際の起業はほとんど誰も経験していないので、あまり現実的なアドバイスは行えず、また現実的なアドバイスを書いた本はほとんどありませんでした。

そこで、誰もが陥りそうな罠を、なぜそれが罠になるのかという理由の説明も併せてまとめ、どうすれば新規事業を立ち上げられるのか、ということのエッセンスをまとめたのが本書です。

実務家が書いた本ですので、この方法で、現実にニュービジネスを立ち上げていますし、新規ビジネスを立ち上げる仕組みそのものもこのアドバイスに従って作られています。

もちろん、それぞれのケースを同一には語れないので、現場ではその企業特有のアレンジをしなければなりません。けれど、皆が困っているところはそれほど違わないのだなというのが実感です。

この本の企画段階では、もっと、ハウツー本にしようとか、マニュアルのように細かいところまで書いて分厚い本にしようというアイデアもあったのですが、まず第一弾としては読みやすく理解しやすくあるべきだと考え、あまりに細かく書くのはやめました。

そういうタイプの本を出すのは別の機会に譲ります。

ただ、この本だけでも、十分にヒントに満ちていて、志のある方が読んだなら、それだけですべて解決してしまうかもしれません。

すべての企業内起業家に捧げます。

目次

第1章

第2章 会社側が陥りがちな七つの罠……51

第3章 新規事業を立ち上げる……77

4

第4章 新規ビジネス実例

構成◎山口雅之
装幀◎渡邊民人（ＴＹＰＥＦＡＣＥ）
本文デザイン＆ＤＴＰ◎中川由紀子（ＴＹＰＥＦＡＣＥ）

はじめに

企業内起業 vs. ベンチャー

新規事業の立ち上げを企業内起業ととらえ、まず起業のことについて、ひととおり考えてみましょう。

一口に起業といっても、その実態はさまざまです。個人で司法書士の事務所を開業するのも起業なら、学生が集まってゲームの制作会社を立ち上げるのもそう。大企業が事業計画にもとづいて新たに子会社を設立するような、大がかりな起業もあります。

では、このうち成功の可能性がより大きいのはどれだと思いますか。

それは企業の後ろ盾や手厚いバックアップがあるほうが、サラリーマンの脱サラや学生ベンチャーに比べたら、はるかにうまくいく確率が高いに決まっている。多くの人はほとんど迷わず、そう答えるに違いありません。

ところが、現実はそうではないのです。たとえば、脱サラしたサラリーマンがなけなしの貯金をはたき、勝負をかけて開いた居酒屋と、豊富な資金とノウハウを持つ大手資本が開いた居酒屋とが、同じ時期、同じ場所で開店したとしましょう。一年後に繁盛しているのは、往々にして前者のほうなのです。

じつは、これは不思議でも何でもありません。なぜなら、起業には大きいほうが有利とか、企業が起こす新規事業である企業内起業のほうが、インディペンデントのベンチャーより成功しやすいとかいった法則など、もともとないからです。

それをわかりやすく説明するために、両者の経営資源を比較検討してみましょう。

経営資源の代表的なものは「人」「モノ」「カネ」です。

「人（スキルとしての）」に関しては、企業内起業もベンチャーもそれほど差はないといっていいと思います。ただ、大企業の社員というのは、通常入社する段階で厳しい選抜試験を受け、さらに入社後も会社からカネと時間をかけて教育を施されているので、ビジネスマンとして完成している人が多いのは事実です。一方、ベンチャーのほうは、基礎力は劣るかもしれませんが、逆にユニークな才能がそろっているという特徴があります。

ただし、特定分野のスペシャリストが集まって会社を立ち上げたベンチャーだと、技術力はあるけれど営業力がないとか、経理や総務といった管理部門のノウハウを持った人材がいないとかいうことはめずらしくありません。その点、大企業なら会社経営に必要な人材は、ほぼ社内から調達できる。そう考えると、「人」は企業内起業のほうに若干分があるといってもいいかもしれません。

「モノ」はどうでしょう。これはケースバイケースなので、どちらが有利とは一概にはいえないものの、「モノ」は少なからず調達資金と関係がありますので、若干企業内起業のほうに分がありそうです。

それから「カネ」。これはあらかじめ事業予算を計上してもらえる企業内起業の勝ち。調達できるロットも一般にはかなり違いがありそうです。

こうして見ると、まったくのベンチャーより企業内起業のほうが、やはり有利なような気がしますが、問題はその先です。起業や経営に必要なリソースには、あと二つ重要なものがあることを忘れてはいけません。そう、「モチベーション」と「ハングリー精神」です。

勝負を分ける「モチベーション」と「ハングリー精神」

個人であれ仲間同士であれ、はたまた企業内のプロジェクトであっても、起業に携わるかぎりは誰だって、その事業を成功させたいに決まっています。

しかし、手がける事業に対する執着の度合いや、「絶対に成功させてやる」という意欲の強さは、与えられた条件やその人が置かれた状況によって、かなり差があることは確かです。

個人や同じ志を持った人たちが集まって事業を起こす場合、その事業にかかわる人間のモチベーションは相当高いと思って間違いありません。モチベーションというのはやりたいという強い前向きの意思です。自分たちのやっていることで、世の中を変えようとか、自分たちの力を見せてやろうとか、こうすれば世の中の役に立つとか、とにかく自分たちを一生懸命働かせる前向きのパワーです。ベンチャー企業の立ち上げ期には、強制されているわけでもないのに、誰もが会社に泊まり込んで何日も家に帰らないなどという光景がごく自然に見られます。私がサムシンググッドという最初の会社を作ったとき、当初の一年間は一日も休まず、土、日も働きました。

一方、ハングリー精神は後ろから押されるエネルギーです。何かから逃れよう、あるいはそこには戻りたくない、現状には不満だという考えに後押しされているのです。その姿は腹を減らした野生動物、あるいはこの世界で栄光をつかんで最低生活から抜け出すのだという悲壮な決意に裏打ちされた、タイのキックボクサーやベネズエラのサッカー選手に近いといってもいいかもしれません。

一方、企業内起業のメンバーのほうには、こういったハングリーさや、強力なモチベーションを望むほうが無理というものです。

それはそうでしょう。サラリーマンというのは挑戦よりも、安定や現状肯定に価値を感じてサラリーマンという働き方を選択した人たちなのです。そういう人が社内の新規事業プロジェクト・メンバーに選ばれたからといって、突然ハングリーになって働くと思いますか。なかには、自ら志願してプロジェクトに加わった人もいるかもしれません。そういう人なら多少モチベーションが高いかもしれませんが、それでもやはり最初から給料は保証されているし、うまくいかなくてもいきなりクビになるようなことはないという環境では、家族もプライベートも犠牲にしてこの事業に賭けるという気持ちにまではなかなかなれないでしょう。もちろん、サラリーマンとしてそれが悪いわけではありませんが。

企業内起業のほうがいくら経営資源に恵まれていようが、失敗したら帰る場所がないという覚悟で襲いかかってくる集団に、簡単には勝てそうにありません。

企業内起業と一般的な起業

	人（スキルとしての）	モノ	カネ	モチベーション（最善を捉えようとするパワー）	ハングリー精神（最悪から逃れようとするパワー）
企業内起業	◎	○	◎	△	×
一般的な起業※	○	○	△	◎	◎

※学生ベンチャー、脱サラ起業など。

企業内起業は戦い方を考えろ

企業が社内で新規事業を立ち上げる場合、「人」「モノ」「カネ」に関しては十分なリソースが用意できても、「ハングリー精神」と「モチベーション」はむしろ、インディペンデントなベンチャーより劣っていると思ったほうがいいでしょう。

この現実を理解していないと、どんなに優秀な人材を登用しようが、どれほどマーケティングに予算を使おうが、新規事業は絶対にうまくいきません。自分の戦力を知らずに戦うのは無謀というものです。

では、企業内起業を成功させるにはどうしたらいいのでしょうか。もし、ベンチャーに負けないくらいメンバーのモチベーションを鼓舞できるのなら、ぜひそうしてください。ただし、それは非常に難しい。経験的にいうと、新規事業の立ち上げメンバーが五人だとしたら、一人か二人モチベーションの高い人員を投入することは、企業内起業であっても不可能ではありません。人数の多い会社だと、ごくまれに進取の気性に富んだ人が紛れ込んでいることがありますから、そういう人を見つけて抜擢すればいいのです。

しかし、五人全員のモチベーションを狂気の域にまで駆り立てられるかといったら、それは無理な相談だといわざるをえない。すでに述べたように、大企業ほどそこには優秀な人材がそろっているかもしれませんが、そもそも就職先に大企業を選んだ時点でその人はハングリーではないし、一から事業を起こして大きくするなどという仕事は、できればやりたくないのが普通なのです。

私が新規事業立ち上げのアドバイザーとして企業に呼ばれると、プロジェクトチームは発足したものの、どうもメンバーから燃えるようなやる気が伝わってこないという担当者の嘆きを、よく聞かされます。それで、モチベーションアップの手を打ってほしいとなるわけですが、さすがに私でもいきなりは無理です。もちろん研修をやったりインセンティブを用意したりすれば多少はモチベーションも上がりますが、もともと起業家マインドを持っていない人たちを、この事業に人生のすべてを懸けてもいいという「炎の集団」に変えることなどできるはずがありません。

もし企業内起業を成功させようと思うのなら、ここは考え方を変えて、ハングリー精神やモチベーションの乏しい人間がオペレーションを行うということを前提とした事業を選べばいいのです。あるいは、一部の非常にモチベートされた人間だけでマネージできる組織を考えるということです。

いい例がマクドナルド。マニュアルを遂行する力やマネジメント能力が大事なのであって、スタッフがハングリーで高いモチベーションを持っていることは、それほど大きな成功要因ではありません。

あるいは、ソフトウェア制作なら、斬新な内容や機能ではなく、定番ものをいかに低価格で提供できるかというところで勝負する。そうすると、これは最終的に資本力がものをいうことになるので、企業内起業が有利になるというわけです。

それから、起業メンバーとして社内ではなく、モチベーションの高い人間を外部から集めてきて、会社はその集団に必要な資金を提供するという形も考えられます。

このように、企業内起業の場合は、まともに向かっていってもハングリー精神にあふれた起業家集団にはなかなか勝てないということを自覚し、自分たちの勝てるタイプのビジネスは何かということを冷静に考えるのがまず第一歩なのです。

既存企業には起業経験者がいない

当社には優秀な人材がそろっているし、進取の気性に富んだ人間もたくさんいる。それに、彼らのモチベーションを上げるために十分なインセンティブも用意した。これで新規事業が成功しないわけはない。

新規事業担当者がそういうことをいう時点で、この企業の新規事業は苦労するだろうなということがよくわかります。

インセンティブを過信してはいけません。確かに、使い方によっては、インセンティブが社員のモチベーションを引き上げることはよくあります。しかし、どんなに効果的であったとしても、インセンティブの効果というのは、ある程度までなのです。

いくら何億円という報奨金を支払うといっても、会社の命じた業務に命まで懸ける人が大企業にどれくらいいるでしょうか？　社内ベンチャーの公募に自ら手を上げた人であっても同じことです。就職先に大企業を選んだ時点でその人のなかには、安定した組織で生きていきたいという気持ちが少なからずあるわけですから、そういう人が最後まで命懸けで踏ん張れるかといったら、それは無理だと思います。

ただし、私はそれが悪いとか、ダメだとかいっているのではありません。むしろ、常識のある人間として当然の反応だと思います。

ところが、自分たちでベンチャー企業を起こそうなどという人には、そういう常識がありません。だから、自分の夢のためなら死んでもいいといった、普通の人には理解できないような行動を平気でとることができるのです。

そして、そういう狂気というのは、決してインセンティブのような外部的要因では引き出すことはできません。

インセンティブの仕組みを作れば、社員が起業という目標達成に向け、寝食も忘れ馬車馬のように働くと考えるのは、その人がそういう狂気に侵された起業家の実態を知らないからです。

しかし、それも無理はありません。大企業に優秀な人材がそろっているといっても、そこには起業して成功した人はいないのです。起業経験者は創業時の社長だけ、あとは秩序を維持しながら働くのが得意な社員がいるというのが普通の組織ですから、何もないところに一から秩序を作る能力がある人のことなど、わかりっこないのです。

ただ、企業内起業というと、既存の事業とはまったく関係ない分野に進出することを頭に思い浮かべがちですが、現実にはそういうもののほかに、現在のメインビジネスと関係のある分野のなかで重心点をシフトしていくというものもあります。製鉄会社がアルミニウムの製造をはじめたり、自動車会社がラインナップに、それまでタッチしていなかった軽自動車を加えたりするのがそうで、多くの場合、その背景には企業の経営判断や政治的駆け引きが働いていることが容易に想像できます。

このケースだと、起業スタッフに求められるのは、既存のビジネスのノウハウや、業界内の情報収集力であって、逆に起業家としての資質というのは、それほど重要ではないといってもいいでしょう。

ただし、本書では、あくまで純粋な企業内起業、既存の事業とはあまり関係のない分野に進出していくための考え方を扱っていきます。

第1章

新規事業従事者の陥りがちな五つの罠

この章では、近い将来に自分が新規事業部長や新社長となって、社内で新しいビジネスを立ち上げることが決まっている人たちが陥りがちな罠や、過ちのうち、代表的なものを五つピックアップし、整理してみました。

1

全方位にまんべんなく労力をかける

新規事業を立ち上げる際、必要なことを挙げていったら、それこそノート一冊くらいすぐに埋まってしまうでしょう。しかし、人や予算、時間といったリソースは限られていますから、それらをすべて満たすなどというのは、現実的ではありません。

そうすると、大事なのは、限られたリソースをどこに集中するかということになります。

答えを先にいうなら、事業コンセプトや収益構造の設計にこそ最大限の力を注ぐべきであって、会社のロゴだとか、中期計画だとか、そんなものは実際にその事業がスタートするころまでは、放っておけばいいのです。

ところが、それまで社内事業の運営しかしたことがない人たちが新規事業を手がけると、このリソースの集中ができず、最初に何をやるべきかというようなリストを作ってそれを端からつぶしていくようなことを必ずします。こんなやり方で成功した新規事業を、私は見たことがありません。

ある大企業が、海外製の特徴あるマシンを導入した高級小型フィットネスクラブのフランチャイズ事業を企画し、社内にプロジェクトチームを作ってスタートしました。ところが、全国に五年間で五〇店舗のフランチャイズ展開を目論んではじめたにもかかわらず、まったくフランチャイジーが集まらず、すぐに事業が行き詰まってしまったのです。

それで、なんとかしてほしいという話が私のところにきました。

私が、チームのメンバーにインタビューすると、彼らは口をそろえて「やるべきことはすべてやった」と答えます。そこで、何をやったのか詳しく教えてもらうと、すぐに、これはうまくいくはずがないということがわかりました。

案の定、彼らは社内の既製の事業部評価シートを、そのまま新規事業にも当てはめて使っていて、役員会で発表するための資料作りに明け暮れていたのです。

具体的にいうと、まず事業展開に必要と思われる項目をすべて挙げ、それらを一つひとつ調べては埋めていくということを、延々とやっていました。

たとえば、「訴求対象のターゲットの年収」という項目を作り、それに対して、全国のフィットネスクラブの会費やら、サラリーマン家庭の家計に占めるレクリエーション費の割合やらの資料を調べ、「年収七〇〇万円以上」という数字を導き出すのです。

そうやって、「会員人数の適正値」や「進出候補地域」などのチェック項目を作っては埋め、その際に、いちいち時間をかけて資料を作成するので、私が見たときには、四〇本ものレポートが積み上げられていました。

さらに、自前でいくつかのクラブの営業をはじめていたのですが、どちらも会員が集まらず赤字続き。それなのに、必死で営業して新規のフランチャイジーを募集していたのです。

だいたいの状況を把握した私は、彼らに事業のコンセプトを明確にすることと、まずはクラブは一軒に絞る、その代わり、そこを必ず黒字化することの二つを命じました。

このフィットネスクラブのコンセプト自体はおもしろくて、マシンも特殊で、類型がなく、十分に流行る可能性はあったのですが、彼らは他の大型クラブを調べるばかりで、どう違いをアピールするかというような重要なポイントに労力を注いでいなかったのです。

また、利益の半分をフランチャイズ本部に納めても、手元に十分なお金が残ると確信できなければ、誰もフランチャイジーになりはしません。それには、立派なパンフレットや資料をいくつも用意するより、実際に儲かっている店を見せるのが一番です。だから、本当なら、最初のクラブに、全員が朝から晩まで通い詰め、ああでもないこうでもないと試行錯誤を繰り返し、黒字化させ、これならフランチャイジーをやってみたいと多くの人が思うモデルを構築しなければいけなかったのです。

それなのに、彼らは、やるべきことはすべてやったといいながら、クラブはアルバイトのインストラクターに任せきりで、自分たちは本部で資料作りに励んでいたのですから話になりません。

さらに驚いたのは、プロジェクトのメンバーに「あなたは自分がフランチャイジーとしてやってみたいと思うか」と質問したところ、「やってみたい」と答えた人が一人もいなかったことです。これでは、どれだけ熱心に営業したところで、フランチャイジーのやり手など見つかるはずありません。

要するに、企業内部の事業しかやったことがない人というのは、知らず知らずのうちに社内向けのアピールにエネルギーを使う癖がついてしまっているのです。リストを作って一つひとつの項目にもっともらしい理屈をつけていけば、確かに見栄えのいい報告書はできるでしょう。しかし、それは実践の場ではほとんど価値がありません。

泥臭かろうが何だろうが、まずひとつ成功実績を作る、そのためにあらゆるリソースを重点のみに集中投入する。これが、起業を成功させる第一歩なのです。

2

考えずに調べる

これは学校教育の責任なのでしょうが、ほとんどの日本人は、考えるというのは調べることなのだと勘違いしています。

先に例に挙げたフィットネスクラブの新規ビジネスでも、さまざまな数字を調べ、ターゲット家庭の年収は七〇〇万円以上という結論を導き出していました。確かに、なぜ七〇〇万円かと聞かれれば、さんざん調べているわけですから理由はちゃんと説明できます。しかし、そうやって出てきた七〇〇万円が本当に妥当なのかについて考え抜いた痕跡が、そこにはない。

けれども、大事なのはそこなのです。

コンセプトが、すぐれたマシン（高価な）を使った、高級フィットネスクラブですから、従来のフィットネスクラブのデータをもとに、いくら理にかなった説明ができても無意味だということに、気がつかなければいけません。もしかしたら、年収二〇〇〇万円以上の家庭だけを対象にして、会員の人数ももっと減らし、その代わり保証金、会費などを何倍にもするというビジネスモデルのほうが正解なのかもしれないのに、そういうシミュレーションはまるでなされていないことが問題なのです。

新規ビジネスというのは、文字どおり、これまで世の中になかった新しいビジネスなのですから、過去の知識や常識は必要ありません。プロジェクトチームのメンバーに求められるのも、いかに速く計算ができるかといった算数の力ではなく、自分の頭で新しい分野を考え出す数学者の能力なのです。

ところが、既存のビジネスでは、この「数学そのものを考え出す」ような頭の使い方をほとんどしません。新規ビジネスに使うクリエイティビティを発揮する局面など、ひとつもないといっていいでしょう。

自動車メーカーの新車開発なら、現行モデルや競合車に対する顧客の反応や意見を市場から集め、そこからいくつか選び出し、次の車に反映させるということをどこもやりますが、この作業にはあまりクリエイティビティは要求されません。

ユーチューブやグーグルが、なぜあれほどのビッグビジネスになったのか、考えてみてください。

ご存じのように、動画の投稿サイトや検索エンジンというのは、ユーチューブやグーグル以前にも数多く存在していました。もし、それらを調べ、そこから平均的なビジネスモデルを抽出してスタートしていたら、今ごろはこの両社とも、すでにこの世に存在していない確率はかなり高いと思います。

彼らが成功を収めたのは、調べることではなく、新しいシナリオを自分たちの頭で考えたからなのです。

たとえば、ユーチューブは合法と非合法を区別せず、あらゆる投稿をアップし、クレームがついたものだけ削除するという戦略をとりました。普通なら、既存のメディアや当局をいかに刺激しないかというところにこそもっとも神経を使うはずですが、彼らはあえてその部分をルーズにした。しかも、クレームが来た時点で削除は約束するものの、その作業は決して迅速ではありません。おそらく意図的にゆっくりやっていたのではないかと思います。その結果、玉石混交の合法、非合法あい混ざり合ったユーチューブが出来上がったのです。

まさに、自分たちはどんな動画投稿サイトがほしいのだろうということを、ゼロから考えたらこうなったということなのでしょう。

グーグルにしても、無料で使えて、知りたい情報に素早く確実に行きつく検索エンジンがあれば、みんなが喜ぶはずだというところからスタートしている、だから、まったく新しいものが出来上がったのです。

考えるというのは具体的にいうと、あらゆる仮説を出し、そのなかからもっとも勝てる可能性が高いものを選び出すことをいいます。

ただし、正確にいうなら、すべての仮説を等しく検証する必要はありません。ゲームのプログラムを作る際に用いられる探索アルゴリズムにアルファベータ法というのがあります。簡単にいうと、その考えの先に勝利する可能性があるのかどうかをまず考え、それがないものを先に抜き出し、考えなければならないもののリストからははずしてしまうということです。もちろん、人間はコンピュータのようにはできませんから、厳密には違いますが、そのように考えるということです。

先のフィットネスクラブのケースなら、年収一〇億円以上の家庭だけを対象にするとか、毎週沖縄から飛行機で通ってくることを想定するのは明らかに無理があるので、これらの仮説は検証せず捨ててもいいということになります。

また、考えるのにパソコンやインターネットは無用です。会議室にホワイトボードがひとつあればいい。そのホワイトボードに考えうるすべての仮説を書き出し、アルファベータ枝刈り（厳密には「のようなもの」ですが）を行った後、残りを徹底的に、誰が考えてもこれしかないというものが見つかるまでディスカッションするのです。このとき、「それは無理」という自己規制は絶対にしてはいけません。

新規ビジネスが成功するかどうかは、はじめる前にどれだけ時間をかけて深く考えたかによって、半分以上決まっているといっても過言ではありません。

3

すぐに閉塞感に襲われる

君は仕事ができるからと新規事業のプロジェクト・リーダーを任されて、最初は意欲満々だった人が、数カ月後に会うと意気消沈し、すっかり生気のない顔になっていた（ゾンビみたい）。

じつによくある光景です。

P／L（損益計算書）のシミュレーションも、商圏分析も、顧客調査も全部やった。マーケティングプランを立て、広告も打った。それこそ、教科書に書いてあるようなことはひととおりやって、自信満々で事業を開始したのに、なぜか三カ月経っても、売上げがさっぱり伸びてきません。

これは、何か大事なことをやり残していたに違いない、それを見つけてすぐに実行しよう。

それで、連日ミーティングを開き、これはまだやっていないということをメンバーに挙げさせ、それを片っ端からやってみたものの、現状は一向に改善しません。

すでに考えられることはあらかたやりつくしてしまって、もはや八方塞がりです。メンバーの士気もすっかり下がってしまいました。それなのに、どうなっているんだ、今後の見通しはどうなんだと、会社からの追及だけは日に日に厳しくなってきています。いったい私はどうすればいいのでしょう。

おそらく、彼（あるいは彼女）の頭のなかはそんな状態のはずです。やるべきことはやり尽くした、にもかかわらず結果が出ないとなれば、それは閉塞感にも襲われるでしょう。

しかし、それは、新規にビジネスを立ち上げるとはどういうことかを、単にその人が知らないだけなのです。

新規ビジネスの第一歩は、徹底的に考え、もっとも勝てる可能性の高い仮説を見つけ出すことだという話をしました。しかし、それは、その仮説を見つけたら、必ずビジネスは成功するということではありません。どんなに考え抜き、全員が死ぬ気でがんばったとしても、ベンチャービジネスが成功する確率は、せいぜい五〇％がいいところです。

ましてや、後にビジネスが軌道に乗るとしても、最初から青写真どおりにいくな

のだということを忘れてはいけません。

世の中にまだ存在しないビジネスを、これから創り上げていこうというときに、過去の経験や事例というのは、参考になるよりも、むしろ新しい発想を妨げる足かせになる危険のほうが大きいのです。

アパレル業界には、いまだに「デザインがよく実用性にすぐれたものを安価で大量に供給する」というビジネスモデルを信奉している人がたくさんいます。それは、そうすることでうまくいったという成功体験が、その人にあるからです。

しかし、そのビジネスモデルが現在も通用するなら、ユニクロがもっとはるかに売れていなければおかしい。

でも、一時ユニクロは、デザインがよく実用的で安いけれど、みんなが着ているから着たくない、格好悪いと、若者から敬遠されていたではありませんか。

最近は、消費者にひと目でユニクロと気づかれないよう工夫しているところを見ると、さすがにユニクロも、そのあたりのことに気づいていると思われます（誤解なきようにいえば、私はユニクロが好きですが）。

要するに、アパレル業界において過去のビジネスモデルは完全に通用しなくなっているので、かつて一世を風靡したユニクロの成功を分析して、そこから勝利の方程式を導き出そうとしても、無理だということです。

ユニクロのように、自分たちで気づくことができればいいのですが、実際には、それはそんなに簡単なことではありません。とくに、企業の経営者は、過去の成功の結果、今そこにいるのですから、その成功体験から自由になるのは容易ではないのです。

新規事業の担当者が企画を考えても、それが自分のやってきた方法と真逆だったりすると「そんなものは通用しない」と、検討もせずに頭ごなしに否定する。企業内起業が難しいのは、そういう役員たちが口を挟むからだといってもいいでしょう。もし、経営者がまさにそういうタイプならば、新規事業の担当者は頭を使わなければなりません。

一九六五年に、当時経営危機に陥っていた東京芝浦電気（現在の東芝）を再建するため社長に就任した土光敏夫氏は、あるとき、一枚のウエハーから取れる半導体の歩留まりが七〇%、つまり三〇%の不良品が出ると聞いて激怒し、担当者に歩留まりを一〇〇%に引き上げろと命じたといわれています。土光氏にしてみれば、自分が昔製造していた洗濯機は、九九・九%正常に動いたのだから、半導体にも同じことを求めて何が悪いというわけです。

しかし、洗濯機と半導体では製造方法がまるで違います。仮に半導体で歩留まり一〇〇%を目指せば、コストが何倍にも跳ね上がることを覚悟しなければなりません。それでは社内の目標は達成できても、価格が高過ぎて東芝の半導体は市場でまったく売れなくなってしまいます。

そこで、現場の担当者は、歩留まりの代わりに回路の集積度を上げることにしました。集積度が二倍なら、一枚のウエハーから二倍の半導体が取れます。そうすれば、歩留まり率が五〇%だとしても、結果的には元の集積度の半導体を一〇〇%の歩留まり率にしたのと同じになる。そして、おそらく門外漢の土光氏は気づかない。彼らはそう考えて、それを実行したのです。

もし、あの土光さんの命令だからと、現場が唯々諾々と従っていたら、東芝の半導体事業は早晩立ちゆかなくなっていたかもしれません。

この、東芝半導体チームの発想の仕方は、新規ビジネス全般に通じるので、ぜひ参考にしてください。

ビジネスを成功させるには何をどうすればいいかをゼロベースで考える、これが新規事業の鉄則なのです。

5

リソースがないという嘘に縛られている

「ウチには人材がいないんだよね」
「もう少し予算があれば、十分な広告戦略が立てられるのに」
「経験者が一人もいなかったのがまずかった」

企業が新規事業をはじめたがどうもうまくいかない。そこで、理由を尋ねてみると、たいていこの三つが挙がってきます。

しかし、もし本当に人やお金や経験が足りなかったのだとしても、そんなものが新規事業の成功を阻む決定的な要因であるはずがない。問題は、リソース不足が原因だという、誤った認識をしている新規事業担当者にあると思って間違いありません。

アップルコンピュータを設立したスティーブ・ジョブズとスティーブ・ウォズニアックに、IBMの社員が持っているような経理や営業のスキルがあったと思いますか？　予算も潤沢どころか、ジョブズのフォルクスワーゲンを売ってようやく、最初のコンピュータである Apple I の開発資金を捻出したというありさまだったのです。

ビル・ゲイツだって、マイクロソフトを創業したときはまだハーバードの学生でしたから、当然ビジネス経験などありませんでした。

ラリー・ページとセルゲイ・ブリンも、スタンフォードの学生時代にグーグルを立ち上げています。

こんな例は、探せばいくらでもあるでしょう。

逆に、もしリソースの多少が新規事業の成否を握るのであれば、ＮＥＣや富士通がグループ内に、マイクロソフトやグーグルを凌ぐ会社を続々と作っているはずです。

また、経験が成功の絶対条件であるというなら、今でも世界はローマ帝国やモンゴルが支配していなければおかしいじゃないですか。

だいたい、「人」「モノ」「カネ」のリソースを比較すれば、企業内起業のほうがインディペンデントのベンチャーより、はるかに充実しているのが普通なのです。

それに、もし経験者が本当に必要なら、外部から連れてくればいいだけの話でしょう。

私が学生のときに最初の会社であるサムシンググッドを立ち上げ、まず営業に行ったのがソニー。別に紹介者がいたとか、コネクションがあったとかいうわけではありません。自分たちの作るソフトウェアを提供する相手としては、ソニーがふさわしいと思ったからそうしたまでです。

そして、ソニーがそのまま最初の取引先になりました。

取引がはじまってすぐ、向こうの担当者から「坂本さん、ソニーと仕事をしたいという企業はいくらでもあるのですよ」といわれたことを、今でもはっきり覚えています。

実際そうなのでしょう。著名な企業でも、ソニーに仕事の口座が開けない企業はたくさんあるはずです。それなのに、何の実績もコネクションもない私の会社が取引をはじめられたのはなぜでしょう。それは、私の持ち込んだ企画が、先方にとってもメリットがあるものだったからにほかなりません。

すごい企画と高いモチベーションがあれば、たいしてリソースのない学生企業だって世間は放っておかない。勇気を持ってソニーでも訪問してみたらいい。

一方、十分なリソースがありながら、まだリソースが足りないなどと嘆いていたら、いつまでたっても新規事業の成功はおぼつきません。
ビジネスの常識とはこういうものなのです。

第2章

会社側が陥りがちな七つの罠

この章では、自社内での新規事業立ち上げを進めていくにあたって、会社側、トップマネジメント側が陥りがちな罠や過ちのうち、代表的なものを七つピックアップし、整理してみました。

1

成功が前提となっている

ある一部上場企業の社長が、「今度新規事業を立ち上げる、すでに社内から意欲のある人間を三〇人選んだ」というので、新規事業の目的は何か尋ねると、会社の雰囲気を盛り上げるためということでした。しかも、予算に糸目はつけないそうです。よくある話です。

私は、本書を上梓したら、すぐに贈ってさしあげようと思いました。

この会社のように、新規事業のアイデアや企画を持った人を社内公募したり、新規事業開発室を作ったりという話を、いろいろなところで耳にします。

ただ、何のためにやるのか聞いても、たいてい「将来のための布石」や、「社内の活性化」といった曖昧な答えしか返ってきません。

なかには時流に乗り遅れてはいけないからとか、他社もやっているからとか、ほとんど理由にもならないような理由で新規事業をはじめる会社もあるようです。

企業が、今やっていることとは違うビジネスに乗り出すのは、決して悪いことではないでしょう。

しかし、新規事業を起こすなら、そのことに対する正しい認識を持っていないと、お金や人材という企業の貴重なリソースを消耗するだけで、何も得るものはなかったという結果になりかねないので、くれぐれも注意が必要です。

まず、これだけは絶対に知っておかなければならないということを申し上げておきます。それは、「新規事業はほとんどの場合、失敗に終わる」ということです。

前章でも少し触れましたが、コンセプトを熟考し、あらゆる仮説のなかから最良と思われるひとつを選んではじめたとしても、成功率はせいぜい、五〇%がいいところでしょう。

しかも、それはメンバーが高いモチベーションを持ったインディペンデント・ベンチャーの場合であって、それまで組織のなかで仕事をしていた人たちが、会社の都合や命令ではじめた新規事業だと、この確率はさらに低く、おそらく二五%以下だと思われます。つまり、せっかく意気込んで新しい事業をはじめても、四社のうち三社は確実にその事業から、短期間で撤退することを余儀なくされるというわけです。

これに、新規事業の目的が曖昧という要素が加われば、成功確率はさらに下がります。

ということは、新規事業開発室を作って、優秀な人材を配置したとしても、普通にやっていれば、そこから新しいビジネスが次々と生まれるようなことは絶対にないというのが結論です。せいぜい三年やってひとつものになるかどうかだと思っていれば間違いないでしょう。

それぐらい新規事業を成功させるというのは大変なことなのです。

それに、新規事業のプロジェクトチームに選ばれた人は、いくら優秀だといってもそれは不動産を売ったり車の設計をしたりといった本業で優秀なのであって、新しいビジネスを開発するスキルやノウハウを持っているわけではありません。それなのに、いきなり社長から「絶対に成功させろ」などといわれたら、これはたまりません。私が指名された側なら、そんな恐ろしいミッションは絶対に拒否します。

むしろ、新規事業は失敗する確率のほうが成功のそれより高いのですから、「失敗するのが当然」というところからスタートしなければなりません。そして、プロジェクトチームのメンバーに対しては、それを前提にルールを決めておくのです。

具体的には、数字の伸びよりもビジネスのメカニズムを毎日検討することを評価する。いちいち役員会に諮らなくても自分たちで決められるよう権限を委譲する。こうなったら撤退するというルールを決めておく。ただし、撤退にいたってもそれは社内的にはプラスのキャリアとするなどが考えられます。

それでも、失敗するのが当然というのは、いってみれば一〇〇点満点なのに平均点が二〇点や三〇点の試験を毎回受けさせられるようなものですから、そういうものに慣れていない普通の人にとっては、ものすごいストレスとなります。普通は努力すれば満点が取れるのが学校の試験なのですから。そういうこともわかっておくべきなのです。

2

撤退の際のルールが明確になっていない

レストランや喫茶店のチェーン店が、新しくできたと思ったらわずか三カ月ほどで撤退していくのを見ると、本当に感心します。すぐに撤退することに、です。

つまり、彼らは三カ月でビジネスの評価がきちんとできるシステムを持っているのです。

新規事業には、この撤退のルールを最初に決めておくことが不可欠なのですが、このことの重大さをちゃんとわかっている企業には、残念ながらほとんどお目にかかれません。

それでは、なぜ撤退のルールがそれほど大事なのでしょう。

それは、撤退のルールが決まっていないと、思い切った投資ができないからです。

個人や学生ベンチャーが、資金やその他の諸条件が許すかぎりやり続けるという意気込みで事業をはじめるのは、全然問題ありません。

しかし、企業内の新規事業というのは、そういうわけにはいかないのです。儲かる見込みもないのにいつまでも投資を続けて、本業に支障が出るようなことにでもなれば、何のための新規事業かわからなくなってしまいます。

ところが、はじめるのに比べ、撤退の決定というのは簡単ではありません。二年間赤字でこの先も見込みがなさそうな事業でも、いざやめようかとなると、その間の投資や、もしかしたら将来黒字化するかもしれないなどという考えが頭に浮かび、なかなか撤退という判断は下しにくいものです。

とくに、経営に銀行が入って社長や役員会の発言力が弱い場合は、やめろという声がなかなか出にくい。それで「もう少し続けよう、その代わり、出費を押さえて赤字額を減らしてくれ」といいながら、本来、やるべき価値のない事業を、何年もずるずると続けてしまうというようなことは本当によくあります。

最悪なのは、撤退の踏ん切りがつかないので、とりあえず予算を半分にして継続するといったケース。これは、最初の計画の半額で家を建てろといっているのと同じですから、もはやその事業が大成する可能性はなく、続けることだけが目的の無駄づかいでしかありません。

だから、撤退のルールが必要なのです。

最初から、こういう状態になったら撤退すると決めておけば、そこまでは会社も迷わずに一定水準の投資ができます。そうすると、新規事業チームのほうも安心して自分たちの仕事に専念できるので、成功の確率が上がるのです。もしうまくいかなくても、この事業はここまでという判断がつくので、いたずらに投資額が膨らむこともありません。

それに、撤退のルールが決まっていれば、「明らかに将来性がないのに、社長の肝いりではじめたプロジェクトなので、社長がやめるというまで続けざるをえない」とか、「前任の社長が将来の柱にしようと思ってはじめた事業なのに、社長が代わったら、新しい社長は目の前の会社の業績をよくしたいと考えて、会社に必要な事業までやめてしまう」とかいうことも防げます。

ただ、撤退のルールといっても、単純に三年以内に黒字化できなければやめるといった一般的なものがあるわけではありません。

たとえば、現在は本業が好調で年間一〇〇〇億円の売上げがあるが、五年後にはこれが半減する見通しなので、それを補うため、売上げ五〇〇億円規模の新規事業を五年以内に作らなければならないというなら、最初は赤字でも全然問題ではないわけです。五年後に五〇〇億円を目指しているわけですから、それを達成するための布石ならＯＫです。一方で、近い将来に株式上場を控えているので、黒字のビジネスだけほしいという場合は、初年度から利益を出すことが絶対条件となります。

また、二年間で五億円投資して、月次が黒字化したら継続するが、赤字なら続けるか否かはそのとき判断するというのもあれば、親会社の体力を考えると三億円まではでは投資するけれど、そこで黒字化できなければ有無をいわさず撤退というのだって、立派なルールです。

重要なのは、どういうルールが適切かというより、あくまでこうなったらやめるというルールを初めに決めておくこと。

それから、もし撤退ということになっても、それはルールに従ってそうするのですから、担当者の責任を追及するようなことはせず、マイナス評価にも不名誉にもならないということを、全員が合意したうえではじめるということ。この二つを当事者間で事前に徹底しておくことです。

3

目的や意味が違う新規事業を一般化しようとする

目的が曖昧なまま新規事業をはじめると、もともと低い成功確率がさらに下がるという話はすでにしました。

だから、何のための新規事業なのかということを、最初にはっきりさせておくことが大切なのです。

それから、目的によってその新規事業の着地点や成功の意味合い、そこにいたるまでの戦略などは、当然違ってきます。

それなのに、ただ新規事業というだけで、同じ物差しで測ろうというのは、少々乱暴過ぎます。

たとえば、新規事業の真の目的が、あまりいい話ではないですが、リストラだというケースもあります。五人分の人件費が三〇〇〇万円だとして、それをそのまま給料として払えば、会社はそれを費用として計上しなければなりません。そこで、資本金三〇〇〇万円で子会社を作り、そこにその五人を出向させるのです。その後、子会社には追加資金は投入せず、また出向者を本社には戻さないということにしておけば、見事に事実上のリストラが完成します。

本業のシュリンクが避けられず、新規事業で新しい柱を作らなければ企業が生き残れないという切実なケースも少なくありません。富士フイルムが銀塩フィルムのマーケットが縮小するのを察知し、デジタルカメラ事業をはじめたり、ＩＢＭが利幅の薄いパソコンをやめ、ソリューションビジネスにシフトしたのが、まさにこのいい例です。

逆に、新規事業が本業を強化するためという場合もあります。パソコンメーカーがソフトウェアやプリンタ、外付けハードディスクといった周辺機器を扱う会社を作るのは、本業のパソコンの利益率が低い分を、周辺機器を売ってカバーするためです。

コーヒー豆を販売する会社が、自らそれを消費する喫茶店チェーンを作ったり、私立大学が系列の中学や高校を経営したりするのは、本業の売上げを伸ばすのが最終目的なのは明らかでしょう。

意外なところでは、自動車メーカーが傘下に中古車販売会社を作るのも、本業の新車販売促進という目的のためなのです。中古車が売れればそれだけ新車のリセールバリューが高くなります。同じ五〇〇万円の車が、A社製は二年後に二五〇万円で売れるが、B社製は一〇〇万円だとしたら、それを理由にA社の車を選ぶ人は当然増えます。

ソニーが映画会社に投資するのだって、ブルーレイが光ディスクの世界標準になるために必要だからじゃないですか。

このように、それがリストラのためなら、事業の成功失敗は二の次で、とにかくたくさん事業を起こして会社を作ればいいのだし（もちろん、そういう会社でも失敗を望んでいるわけではありませんが）、ソニーがハードメーカーとして今後もメディアの規格を支配するためには、子会社のソニー・ピクチャーズ・エンタテインメントは世界一の映画会社でなければならないというように、新規事業というだけでひとくくりにはできないということを、わかっておく必要があります。

それから、三年間で一〇〇店舗とか、五年後に売上げ一〇〇〇億円といった数値目標がまずあって、それを達成するために新規事業を立ち上げるというのも、非常によく聞くケースです。

また、この場合はその数値目標をブレイクダウンして、一年目はいくら、二年目はこれだけという計画を立てがちですが、こういう目標や計画の立て方をすると、新規事業はすぐに暗礁に乗り上げてしまいます。

もしそれが、実績をともなう既存事業ならば、今年度の業績を見て、一年後に売上げ三〇％増という目標を立てるというのは、方法論としては間違っていません。

しかし、まだそこに存在しない事業に対し、店舗数や売上げ目標を掲げても、その目標自体に根拠などないのですから、そんな数字に縛られ振り回されることほど、意味のないことはないと思ってください。

むしろ、一〇〇店舗という目標があるために、それを達成しようと、どんどん出店して、その結果、赤字店ばかりが増えていくようなことが起こるのです。

事業計画を立てるのはいいでしょう。しかし、新規事業の場合、その計画は必ず頓挫し、修正を余儀なくされるのが普通だということは、経営者も事業担当者もスタッフも知っておくべきなのです。

三年間で一〇〇店舗という目標でスタートしても、まずやらなければならないのは一店目の黒字化でしょう。そして、黒字化する過程で、これは五年後に年商二〇〇億円規模のビジネスになりそうだという実感を得たら、それを新たな目標とするという具合に、何度も修正を重ねていくことが、新規事業の、とくに立ち上げ期には大事なのです。

4

意思決定に多くの人がかかわり過ぎる

社内に事業審査会や投資委員会のようなものを作って、そこで新規事業の企画を検討しているという話は、わりとよく耳にします。

なるべく多くの意見を取り入れたほうが、よりよい結論を引き出せるはずだ（どこかの国の政権政党のようですが）。

そういう会社では、誰もが何の疑いもなくそう考えているのでしょう。

しかし、新規事業をはじめるにあたっては、そのような考え方は百害あって一利なしだといっておきます。

社長、営業部長、経理部長と端から意見を聞いてそれを次々に採用していったら、どんな企画も角が取れて当たり障りのないものになってしまうのは、火を見るより明らかです。

前章で、過去の成功や実績から答えを引き出そうとしたら、必ず失敗するという話をしたことを思い出してください。多くの人から意見を聞くというのは、そこにいる全員の、成功体験の範囲のなかに収まるものしか出てこないということなのです。

そんなところから、世の中に受け入れられる新しいビジネスが生まれるはずがありません。

かつて、カメラは自動車に匹敵するような高級品でした。それを、一般庶民が気軽に手にできるようになったのは、オリンパスが一九五九年に発売した「オリンパス・ペン」という、三五ミリハーフ版カメラの功績だといってもいいでしょう。

そして、このオリンパス・ペンの設計を手がけたのが、現在オリンパスの顧問を務める米谷美久氏なのです。

彼は、高品質ながらコンパクトで使いやすく、なおかつ誰もが手が届く安価なカメラを作りたいという思いから、オリンパス・ペンのコンセプトを考えました。しかし、彼がそれを企画会議で発表しても、工場長からは「そんなオモチャは作らない」といわれ、営業からも「市場がないから売れない、やめろ」と、ろくに相手にしてもらえなかったそうです。

それでも、辛抱強く説得して回って、なんとか製品化にこぎつけた。そうしたら、このオリンパス・ペンは、たちまち話題となり、なんと一七〇〇万台を売り切るという驚異的な数字を叩き出す大ヒット商品となって、オリンパスを支える屋台骨となったのです。

この米谷氏の例ひとつとってみても、多くの人が賛成するから正しいなどというのは、根拠のない思い込みに過ぎないということがおわかりでしょう。だから、新規事業の意思決定にかかわる人間は、できるだけ少ないほうがいいのです。

理想的なのは、本社の社長、あるいはそれに代わる人と、新規事業の実務担当者（新規事業会社の新社長）が同等の権限を持って、一対一で話し合って決めるというシステム。それ以外の社員やスタッフの意見を参考にするのはもちろんかまいませんが、デシジョン・メイキングはあくまで二人だけで行うのです。

このとき、両者の意見が最後まで一致しないときはどうするかというルールは、必ず決めておいてください。

私としては、意見が一致しない場合は新規事業の実務担当者（新社長）の意見を採用し、本社の社長がその意見をどうしても受け入れられないときは、人事権を発動してその担当者を外すというのが、経験上、いちばんいいルールだと思います。

5
既存事業のルールや評価基準を適用する

すでにある事業を発展させていくのと、ゼロから事業を生み出すのとでは、それこそ同じスポーツでも野球とサッカーほどの違いがあります。

野球しかやったことがない人が、野球の評価方法しか知らないからといって、サッカーにも同じ評価基準を持ち込んだとしたら、正しく評価できると思いますか。できるはずがありませんね。時速一五〇キロのスピードボールを投げられる選手に高い評価を与え、サッカーの試合に出したところで、活躍できるわけがない。

ところが、ビジネス界では、野球とサッカーを同じ基準で評価するようなことが平気で行われていて、しかもそれを誰も不思議に思わないのです。

既存の事業の場合は、計画どおりに成長しているかどうかという点が、一般的な評価軸となります。

事業評価の一例

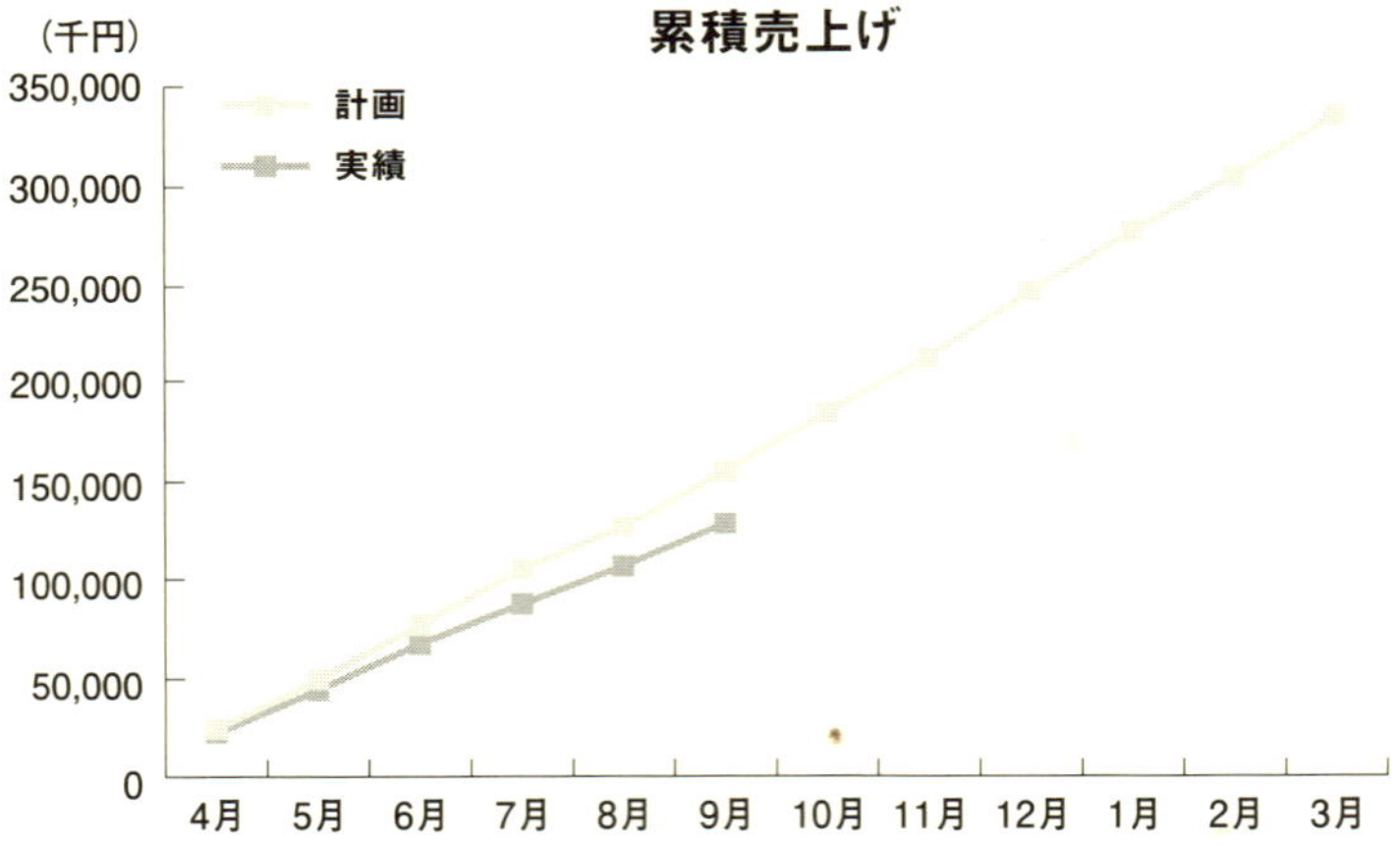
累積売上げ
（千円）
350,000
300,000
250,000
200,000
150,000
100,000
50,000
0
計画
実績
4月
5月
6月
7月
8月
9月
10月
11月
12月
1月
2月
3月

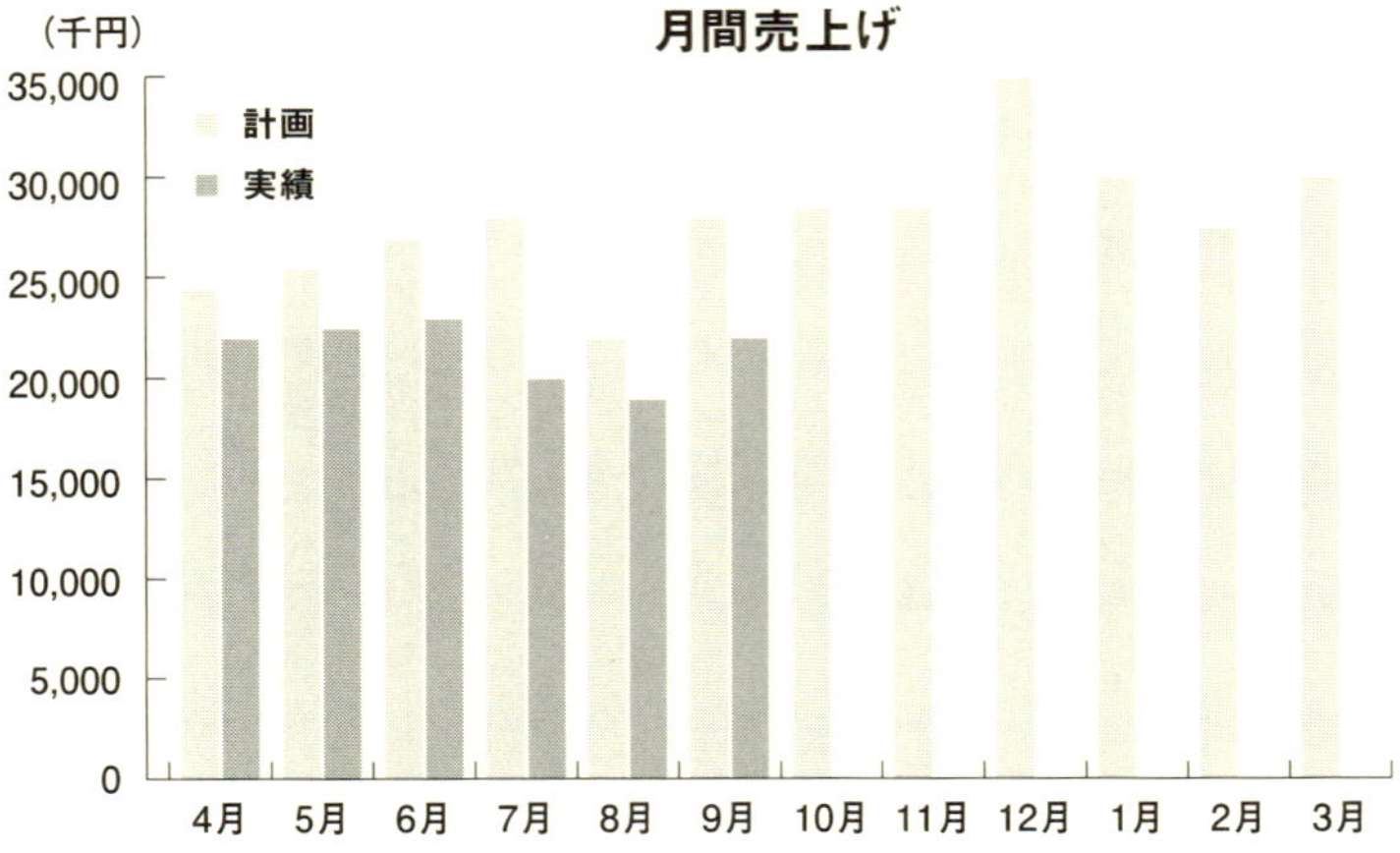
月間売上げ
（千円）
35,000
30,000
25,000
20,000
15,000
10,000
5,000
0
計画
実績
4月
5月
6月
7月
8月
9月
10月
11月
12月
1月
2月
3月

だから、事業担当者がスプレッドシートに売上げや諸経費などを書き込み、事業評価会議などでそれをもとに目標に対する進捗率などをチェックし、評価したり対策を練ったりするようなことが行われるのは、当然のことです。

しかし、生まれたばかりでまだビジネスとして成り立つかどうかわからない、むしろ成立しない可能性のほうが高い新規事業の成長率など評価しても意味がありません。

三年先、五年先も見えないのに、月商三〇万円が三三万円になったから、対前年比で一〇%アップしたと報告されても、だから何なんだと、私ならつき返すでしょう。

売上げや成長率を上げるよりも新規事業に必要なのは、事業として成功する確率を少しでも高くすること。ならば、そのために全力を尽くすべきだし、評価するならその部分を評価しなければ意味がありません。

言葉を換えれば、売上げ数字のような量ではなく、質の部分を評価するのです。

フランス料理店を立ち上げたなら、テーブルと椅子をもっと高級なものに取り換えたらどうか、照明の明るさを少し暗くしてみよう、ランチの値段をもっと抑えられないかなど、店の質を徹底的に議論し、それに応じて事前計画も適宜変更していく。

そういうことをやったほうが、スプレッドシートをにらんでいるよりよっぽど有意義だとは思いませんか。

チームのメンバーがみな閉塞感でいっぱいのようなら、それは評価方法が間違っているからといっていいでしょう。人は評価方法に合わせて行動しようとするものです。

6

メンバーに一軍を投入する

業績好調な魅力的な事業分野の会社が新規事業をはじめる場合を考えてみましょう。社内の、いわゆる一軍メンバーを投入すると思いますか。

常識からいえば、それはありえません。

社内の優秀な人材は、通常、その企業の好業績を支えている花形の部署に集まっています。

会社がそこをメインビジネスにしようとしたわけですから、エースクラスのメンバーがそこにいるのは当然です。

社内でも、その部署に所属している人は仕事ができるという目で見られているでしょうし、自分たちにもその自覚はあるはずです。

また、そこで好業績を上げれば、給与や賞与にも反映するし、それに、おそらくその部署にいること自体が社内の出世コースとなっているでしょうから、自ら進んでその部署を出たいという人はまずいないと思います。

会社としても、せっかく売上げ好調で高い利益をあげている部署から、優秀な人材を他に回すようなことはしたくないはずです。

そこで、新規事業にはどうしても、一軍ではなく二軍クラスが送り込まれることになります。

新規事業の成功失敗のカギは、ここで送り込む人材が握っています。たとえば、同じ条件で居酒屋をはじめても、人材の差で売上げに、五倍くらいの開きはすぐに出ます。それくらい、新規事業というのは人によって左右されるのです。

では、人材のどの部分でいちばん差がつくのか。ビジネススキルや地頭力も必要ですが、やはり、いちばん大きいのはモチベーションです。

社内ベンチャーのメンバーに選出され、上から「君たちに期待している」といわれても、周りを見たらメインの部署からは一人も参加していないとわかれば、新規事業は本流ではないと誰だって感じるでしょう。それでは、最初からモチベーションが上がるはずがないのです。

これとは逆に、本業が不調だと、会社は新規事業に一縷の望みをかけて、会社の未来を託そうとするので、そこに一軍の人材を惜しげもなく投入します。

社員のほうも、今の部署で停滞しているより新天地で活躍したいという思いのほうが強いでしょうから、能力とやる気のある人ほど、指名されれば喜んで新規事業に参加すると思います。

かくして、新規事業に関しては、本業が好調な企業より業績の悪い企業のほうが、成功する確率が高くなるというねじれ現象が発生するのです。

日本におけるパソコンの黎明期には、まさにこのとおりのことが起こりました。大型コンピュータで苦戦していたＮＥＣが、逆にパソコンでトップブランドに躍り出たのは、まさに主力部隊を新しいパソコン部門に投入したからです。

アメリカのパソコン業界でも、あのＩＢＭが出遅れ、テキサス大学の学生だったマイケル・デルが作ったデルの後塵を拝すことになったのは、まったく同じ理由だ

といえます。もしＩＢＭが最初から本気でパソコン事業に乗り出し、早期に（モチベーションの高い）一軍クラスの人材を投入していたら、デルの出る幕はなかったかもしれません。

日本の自動車業界のトヨタと他社との差も、一軍、二軍の問題だと思います。トヨタ自動車は、豊田自動織機の自動車部が独立してできた会社ですが、どう考えてもはた織り機より自動車のほうが未来的な産業であり、そこに優秀な人材が優先的に配置されました。その結果が、現在の「世界のトヨタ」なのです。ところが、別の大企業の一部が独立した場合、初期の自動車など、おもちゃに見え、とてもまともにやるべきビジネスに思えなかったかもしれません。それゆえ、モチベーションの低さは否めず、その差がそのままスタート時点でのトヨタとの差になったと考えられます。

これらの事実から、業績好調の企業の新規事業だから必ずしも成功するわけではなく、むしろ業績好調なほど成功確率が低くなるということと、新規事業を成功させたければ、思い切って社内の一軍人材をそこに投入せよということを、ぜひ学んでください。

7

はじめれば何とかなるだろうと思っている

ここまで読んでいただいたなら、新規事業を成功させるというのがいかに大変かということは、もうおわかりだと思います。

しかし、ほとんどの企業にはこの認識がありません。それで、とりあえずはじめれば何とかなるだろうくらいの甘い考えで、新規事業準備室や、社内ベンチャー育成制度を作り、起業経験のない人をそこの責任者にしてしまうような愚を犯してしまうのです。

実際、起業の実態を知らないままはじめた社内ベンチャーから生まれた新規事業が成功した例を、私はほとんど知りません。

たとえ一流企業といえども、そこにいる社員は起業のプロではないのです。そんな人たちを集めて、「何でもいいから年商一〇〇億円のビジネスを考えろ」といったところで、そんなものをすぐに考え出せるはずがないし、新規事業のアイデアを

毎日一本必ず提出させたとしても、素人が電車のなかで思いついた程度のものから、新しいビジネスが生まれる確率はほぼゼロだということは、やる前からわかります。

それに、社員にしてみても、安定した人生を送りたいからサラリーマンを選んだのに、突然、新規事業の立ち上げのようなリスクの高いことを命じられても迷惑なだけでしょう。そんな人たちに、街の起業家のような高いモチベーションを持ってやれといっても無理に決まっています。

繰り返しになりますが、意欲とやる気にあふれる人たちが、あらゆる可能性から、もっとも勝てる可能性の高い仮説を時間をかけて選び、スタートした後も試行錯誤を繰り返し、たゆまぬ努力で質の向上を怠らなくても、新規ビジネスの成功確率はせいぜい五〇％というのが現実なのです。

企業が、昨日まで起業など考えたこともなかった自社の社員を使って新規事業をはじめる場合は、この確率はさらにその半分の二五％より下になるのは間違いありません。つまり、はじめれば何とかなるなどという根拠はどこにもないのです。

もし、企業が本気で新規事業を立ち上げようと思うなら、最低でも、こういうことを教えてくれる専門家を、アドバイザーとしてプロジェクトに加えてください。

それも、大学教授などではなく、ベンチャー企業の立ち上げや育成を実際に経験している実務のプロでなければ意味がありません。そして、失敗することを前提にしながら、それでも何とか成功確率を高めるためにありとあらゆることをやってみる。それだけの覚悟がなければ、単なる予算の無駄づかいで終わるのは明白ですから、新規事業などやめて本業に専念したほうがいいといっておきましょう。

第3章

新規事業を立ち上げる

この章では、新規事業立ち上げに必要なプロセスと考慮するべきポイントを整理してみました。

1

目的を決める

何のための新規事業なのか

何度もいうようですが、モチベーションの高い人間が集まって議論の限りを尽くし、そのなかから「これなら勝てる」というものを選んで始め、以後も絶え間なく修正を繰り返したとしても、半分しかモノにならないのが新規ビジネスなのです。

しかも、企業がそれを行う場合は、もともと自分たちでビジネスを起こすより、組織で安定した働き方を好む人たちがメンバーとなって、暗中模索しながらはじめるわけですから、インディペンデント・ベンチャーに比べ、成功率がさらに低くなるのは否めません。

そのうえ、流行りだからとか、他社もやっているからという程度の理由で、そこに強い必然性が感じられないようなら、その新規事業はうまくいくはずがないので、むしろやらないほうがいいでしょう。

しかし、さまざまな理由で新規事業に乗り出さざるをえないのであれば、何のための新規事業か、その理由を明確にし、かかわる人全員が十分に理解したうえで取り組んでほしい。それが、ただでさえ難しい新規事業の、成功確率を少しでも引き上げる第一歩なのです。

新規事業の目的

会社が新規事業を立ち上げるときの目的には、いくつかの種類があります。

(1) 本業の重心移動

いずれ本業の重心を移動することを想定し、新しいビジネスを起こす。ラジオメーカーがテレビ製造に乗り出したり、オートバイメーカーが自動車会社になったりするのがいい例。

（2）本業の周辺を強化する

コンピュータメーカーが、コンピュータの売上げ促進につなげるためソフトウェア会社を作ったり、本業の利益率が低いのをカバーするために、利幅の大きい周辺機器製造に乗り出すようなケース。

（3）未来を担うビジネスにシフトする

大型コンピュータを作っている会社が、コンピュータのダウンサイジングやパソコンの普及を見越して、パソコン事業をはじめるというのがまさにそう。本業の重心移動に近いが、こちらのほうは将来、本業に近いところで本業を凌ぐ規模のビジネスが起こることを予想し、早めに布石を打っておくという意味合いが強い。

（4）他社をキャッチアップする

A自動車メーカーは系列に変速機の専門メーカーを持っているが、B自動車グループにはない。そこで、B自動車では、A自動車メーカーグループから変速機を購入しつつ、いずれA自動車をキャッチアップすることを目指し、自社グループ内にも変速機メーカーを立ち上げるというようなケース。

（5）衰退しつつある本業を補う

すでに紹介した、デジタルカメラの台頭によって銀塩フィルムという本業の縮小を余儀なくされた富士フイルムが、自らもデジタルカメラを作る事業をはじめたのはこの典型。

（6）自社の付加価値を増すため

自動車メーカーがエアコンやカーナビゲーションの会社を作って、それらの製品を自社製の車に装着すれば、その分、車の付加価値が上がる。あるいは自動車メーカー自ら、中古市場に乗り出すなど。

（7）新しい事業の種を発見する

もともと軍用の双眼鏡や潜水艦の潜望鏡を作っていたニコンの現在の主力商品はステッパーという半導体を焼く装置。キヤノンも今はプリンターやオフィス機器メーカーだが、従来のメイン商品はカメラ。いずれもいくつかのニュービジネスにトライすることで、今の事業に行き着いた。

（8）本体企業の事情

社員のモチベーションアップ、話題づくり、社内の停滞感の打破などのために新規事業をはじめるケースもある。ただし、効果のほどは疑問。また、新規事業の名を借りたリストラの場合もある。

目的によってゴールは変わる

安定した売上げで利益を出すようになれば、その新規事業は成功だと考えがちですが、決してそうではありません。たとえば、トヨタ自動車が居酒屋チェーンに進出し、年商一〇〇億円のビジネスに育てあげ、毎年一〇億円の利益をあげるようになったとしても、もともと二兆円もの利益があるわけですから、その一〇億円は、あまり意味のある数字とはいえないでしょう。

また、汎用機を扱うコンピュータメーカーが、子会社を作ってそこでパソコン事業をはじめ、その子会社はパソコン販売で順調に利益を伸ばしていきました。ところが、途中から汎用機も扱うようになったところ、こちらのほうがより大きな利益があげられるので、子会社の判断で、事業をパソコンから汎用機にシフトしたとしましょう。この場合、ビジネスとしては成功かもしれませんが、将来パソコンが一大市場になったときの布石として子会社を作ったのだとしたら、汎用機で利益をあげてもらっても仕方ありません。むしろ、本体と競合することを考えると、この子会社は撤退したほうがいいとも考えられます。

あるいは、リース会社が新規事業として羽毛布団販売の会社を作り、高品質の商品を安価で売るので評判となって、業界で順調にシェアを伸ばしていきました。しかし、ほぼ原価で販売しているので、利益はほとんど出ていません。この場合、単体の事業としては疑問符がつきますが、決済に親会社のリースを利用しているので、その分親会社の利益が伸びていて、それをねらっての新規事業だとしたら、これは明らかに成功だといえます。

このように、新規事業にとって大事なのは目的であり、目的を達成することができて初めて、その新規事業は価値を持つのです。

2 何をやるかを決める

新規事業の目的が決まったら、次は何をそこでやるかを決めなければなりません。いわゆる新規事業のアイデアです。

よくあるのが、社内からアイデアを公募するというやり方。それから、新規事業開発チームを作って、そこに事業内容を考えさせる場合もあります。

アイデアの社内公募はうまくいかない

新規事業のアイデアを、毎週最低ひとつ提出するよう社員に義務づけているような会社は、意外によくあります。

しかし、こういうやり方が功を奏したというケースを、私は寡聞にして知りません。最初はアイデアが集まるが、すぐに形式だけのものになってしまうのが普通です。

新規事業として実現できるのはひとつか二つでしょうから、何百ものアイデアを集める必要がまずない。

それでも募集するほうは、とにかく母集団はたくさんあったほうが、それだけいいアイデアに当たる可能性も高くなると単純に考えるのでしょうが、そんな根拠はどこにもありません。

だいたい、サラリーマンをやっていて、ふだんから新規事業に興味を持ち、そのアイデアを考えているような人は多くはないでしょう。そういう人たちが公募だといって、突然真剣に新しいビジネスのことを考えはじめるとは思えないし、ましてや事業化に値するアイデアが出てくると期待するほうがどうかしています。

また、選ぶほうも似たようなものですから、最終的に奇抜で目を引くけれど現実性のないようなものが何点か選ばれ、選ばれただけで終わってしまうということになるのがオチです。

グループにアイデアを考えるというミッションを与える

アイデアというのは、それがどんなに素晴らしいと思えるようなものであっても、それだけではおそらく何の価値もないと私は思っています。

それをどうやってビジネス化するかというスキームがあって、ようやくそこに価値が生まれるのです。

アイデアだけなら、ＯＬが通勤電車のなかで思いつくことだってあるし、同僚とお酒を飲むといくらでもアイデアが湧いてくる自称アイデアマンも、会社にはたくさんいるでしょう。

しかし、アイデアをビジネスモデルにして、それを実現するためのスキームにまで高めるというのは、電車や居酒屋で手軽にできることではありません。単にアイデアをビジネスにしたいというのは企業内起業以外、つまり個人の起業などに任せておけばいいでしょう。

そう考えると、社内公募というのはいかに非合理的かわかるでしょう。

新規ビジネスのアイデアを社内で考えるのであれば、それにふさわしいと思われる人を集めてチームを作り、そこに新規事業のアイデアを考える、集めるというミッションを与えるのがいちばん現実的かつ効果的です。

具体的には、最初に、何のための新規事業かということをはっきりさせておいてから、アイデアを出させます。

次に、そのなかからビジネスモデル化できるものだけを選び出し、それぞれについて、立ち上げからゴールまでのスキームを作らせる。ここで、うまくスキーム化できないものから消していきます。

こうして、目的もゴールもぴったりで、ビジネスとして成立しうると誰もが納得するスキームができたら、ようやくそれが新規ビジネスの候補になるのです。

この作業には最低でも三カ月、数百時間必要だと思っておいてください。時には会社以外の場所で合宿をして、朝から夜までディスカッションを行うのも効果的です。なお、ディスカッションを行うときは、すべてのタブーや先入観を外し、あらゆる可能性を考えることと、調べずに考えて答えを出すことがポイントとなります。

また、アイデアを考えるチームは、必ずしもひとつでなくてもよく、むしろ複数あったほうがいいでしょう。もし、アイデアの社内公募をするのなら、このチームの存在を前提として行うのがいいと思います。

そして、最終的には、各チームからあがってきたスキームを比較検討し、もっとも完成度の高いものを新規ビジネスの候補として、ビジネスプランの策定に入ります。

3 ビジネスプランの策定

文章とキャッシュベースのP／L

ビジネスプランというと、一般にはＰ／Ｌ（損益計算書）のことだと思われているようです。もちろん、予想Ｐ／Ｌがなければ、どの時期にどれくらいのお金を用意しなければならないかの見当がつかないので、Ｐ／Ｌを作らないわけにはいきません。

しかし、その前に、この新規事業の目的は何で、それを達成するためにこういうことをやっていくということを、仲間だけでなく不特定の第三者が見ても、そのビジネスの概要がわかるように文章にまとめたものが必要です。これらのほうが、Ｐ／Ｌより圧倒的に重要です。

これがなくてＰ／Ｌだけだと、「高齢者を対象にしたウィンタースポーツの道具を製造し販売する」といった、そもそも存在しないマーケットのための事業を延々と検討するようなことが、場合によっては起こりかねません。

また、事業のアウトラインがわかればいいということではなく、考えていることの細部まで伝わるよう、できるだけ詳しく書き込んだほうがいいでしょう。

ポイントは、より正確に伝わり、相手が理解しやすく誤解が生じにくいということ。そのためには、上手に書くよりも論理的であることのほうが大切です。

それから、日本語だとどうしても、文章の最後に結論がきてしまいがちですが、ビジネス文書の場合は、最初にいいたいことや答えを書いておいて、それから説明や証明をしていくほうがわかりやすいので、ぜひそうしてください。

「私は、こういうものを、このように販売するビジネスをやりたい。なぜならば～」という具合です。

うまく書けないようなら、箇条書きでもまったく問題ありません。

ただし、「いくら必要だ」とか「これぐらいの利益が見込める」ということを説明するには、文章だけではわかりにくい、そこでＰ／Ｌでフォローするのです。普通とは逆の考え方です。

この時点のＰ／Ｌはキャッシュベースでかまいません。キャッシュベースというのは、減価償却などは無視して、実際のお金の出入りだけをＰ／Ｌに反映させるということです。また、売り掛け、買い掛けのように、取引とお金のやりとりに時間差がある場合は、便宜上売買のあった時点でお金の出入りがあったことにすればいいでしょう。

そして、文章にしてもＰ／Ｌにしても、あまり構えずに、楽な気持ちで書きはじめてください。

どんなに優秀な頭脳で検討しても、未来のことを正確に予想することはできません。それよりも、問われるのは、矛盾や無理が出てきたら、その都度何度でも書き換えるという柔軟性と執念のほうなのです。

楽観的な計画を作らない

ビジネスプランは楽観的なほうがいいか、それとも悲観的なほうがいいのかということをよく質問されます。これに対しては、きわめて現実的な計画を作りなさいとしかいいようがありません。

たとえば、予想Ｐ／Ｌに接待交際費を計上しておくと、必ず「できたばかりの会社になぜ接待交際費を使う余裕があるのだ」という人が出てきます。

ほかにも「社長の給料は本社が払うのだから、人件費は必要ない」「事務所は当分本社の一角を使っていい。だから家賃は計算に入れるな」などといわれて、それらをどんどん外していくと、確かに予想Ｐ／Ｌ上は成功確率が上がっていきます。

しかし、それで本当に事業の実態が把握できるのでしょうか。

接待交際費も、社長の人件費も、事務所の家賃も全部書き込んだら赤字になってしまうというなら、それは赤字ビジネス以外の何物でもありません。もし、赤字ならやらないというルールを決めていたなら、即刻やめるべきです。

いや、接待交際費は使わないし、社長の人件費と家賃は、実際払わなくていいのだから、それで黒字でどこが問題なのだという人は、Ｐ／Ｌの意味を履き違えています。

社長の人件費と家賃を払わなくていいということは、本社が肩代わりしているだけで、その事業が赤字であることに変わりはありません。また、接待交際費を使わないのなら、「無駄な接待は一回もしないでうまくいきました」とあとで報告すればいいのであって、最初から接待交際費を計上しなくていいという理由にはならないのです。

ビジネスプランを書くときには、気をつけないとつい、見栄えのいいものを作りたくなってしまいます。それは、認められて計画を通したいという気持ちが強いからです。

では、ビジネスプランは、とにかく役員会を通すことが目的ですか。

そうではないでしょう。ビジネスプランは、事業の成功率を上げるため、あるいはビジネスの実態を把握するために書くのです。だから、役員会を通すためだけの楽観的な計画では意味がありません。ましてや現実のビジネスには、予想もしなかった出費が必ずともなうということまで考慮すると、できるだけ現実を厳しく見つめた数字をあらかじめ書き込んでおくべきなのです。悲観的なものを作るのではなく、厳しく見つめて作る、ということでしょうか。

4 ビジネスの決定

どのビジネスを選び実行に移すかについては、評価者がビジネスプランとP／Lを精査したうえで決定します。

初期段階ではやるべきものを絞り込むというより、やる必要のないものを削るというぐらいの感覚のほうがいいでしょう。

突拍子もないアイデアは必要ない

新規ビジネスというと、新規性が高く前例がないものでなければダメだと思い込んでいる人がいます。

評価する立場の人がそうだと、提案する側は、とにかく突拍子もないアイデアを考えなければならないので大変です。

しかし、意外に聞こえるかもしれませんが、新規性や前例のあるなしというのは、とくにそれを会社が特別な理由で求めているのでなければ、それほど重要視しなければいけないことではありません。

その企画が、以下のビジネス評価基準を満たしているのであれば、古いタイプで新鮮味のないビジネスモデルであっても、何の問題もないのです（もちろん、鋭い切り口は重要ですが)。

ビジネスの評価基準

(1) 何のために自社が新規ビジネスに進出するか、その目的に合致している

(2) 自社に合ったビジネスか

新規ビジネスが成功しても、その結果、本業の足が引っ張られるようでは、この会社に合っているとはいえない。

また、学生ベンチャーのように、全員が寝食を忘れてこのビジネスにかけることが成功の前提となっている仕事も、サラリーマン集団がやるには無理がある。

(3) そのビジネスをスタートするリソースが自社内外で調達できるか

電機メーカーが新規ビジネスで居酒屋チェーンをはじめても、それまで平日の昼間に規則正しく働いていた社員に、深夜の勤務で高いパフォーマンスを発揮することを期待するのは難しい。

老舗の繊維問屋の社員に、連日会社に泊まり込んで働くのが当たり前の、IT企業をやらせるのも現実性がない。

（4）失敗しても本業の屋台骨までは傾かないか

新規ビジネスが成功する確率は五〇％よりはるかに低い、つまり、ほとんどの場合は失敗に終わる。だから、ひとつの事業で本業に影響を与えるほど資金負担がかかる事業は、リスクが大き過ぎるのでやるべきではない。

ノウハウも経験もある本業にならば、一〇〇億円投資して、仮に失敗しても普通なら、たとえば八〇億円は回収できるが、まだ海のものとも山のものともわからない新規ビジネスの場合は、一〇〇億円がゼロになる可能性もあるということを承知しておかなければならない。

（5）本業の手助けになるだけの成長スピードがあるか

新規ビジネスが黒字化し、社会的な評価も得られそうであっても、たとえば、五年間かかって年商五〇億円にしかならないのであれば、年商数千億円の親会社にとっては、本業の手助けにならないからやらないほうがいい。

（6）進出するマーケットは成長しているか

あえて縮小している市場をねらって起業するという戦略も確かにあるが、それには相応のスキルが必要。企業の新規ビジネスには適当とはいえない。

戦後の自動車産業のように、マーケット自体が拡大しているところに参入すれば、たとえ競争に負けてもマーケット拡大のおかげで利益が出せる。進出するならそういう業界のほうが無難だといえる。

(7) 参入障壁が低過ぎないか

ホルモン鍋屋やダイヤルQ2のような誰でも簡単にはじめられる事業は、器用でフットワークの軽いインディペンデント・ベンチャー向き。企業内起業の場合は、ある程度努力しないと競合が入って来られないマーケットで勝負するほうが、最終的に成功する確率は高い。

(8) 付加価値の高いビジネスか

私が学生のときやっていたビジネスに、コピー機を並べて、コピーサービスする店を多店舗展開する、というのがあります。しかし、そういう付加価値が高いとはいえないビジネスは、すぐに過当競争にさらされるので、企業の新規ビジネスとしては避けたほうがいい。

(9) 誇りを持ってできるビジネスか

私は以前、ちり紙交換をやって、そこで多くのことを学んだ。かといって昨日までネクタイを締めて仕事をしていた人が、今日からちり紙交換をやれといわれても、モチベーションが上がらないだろう。

誰もやりたがらない仕事ほど儲かるチャンスがあるのは確かだが、企業がやるビジネスの場合は、それをやるのがサラリーマンであるということを忘れてはならない。サラリーマンのプライドをある程度満足させてくれるというのは、新規ビジネスを選ぶ大事な要件なのである。

(10) 全員が「炎の集団」でなくても成功できるか

かかわる五〇人全員が高いモチベーションを要求されるビジネスは、企業がやるビジネスとしては適当でない。しかし、モチベーションが高い人は五人いれば十分、あとの四五人にはむしろ、与えられた役割をきちんとこなすサラリーマン的な働き方をしてもらったほうがいいというビジネスモデルのほうが成功の可能性は高い。

どういう仕組みで誰が選ぶのか

社内に選考委員会を作り、そこを通過したものを取締役会にかけて決定とします。ただし、事実上の最終判断は選考委員会の決定ということにして、取締役会は基本的に、選考委員会の決定に異議を唱えないとしておくほうがいいでしょう。

選考委員会は本体の社長、新規事業開発部長が基本メンバーで、これに、必要に応じて提案されたビジネス分野の専門家が加わります。

それから、できればマネーマーケットを熟知している外部の人間もいたほうがいいでしょう。

新規ビジネスを立ち上げる際、投資資金が足かせとなって前に進まないということはよくあります。このとき、企業の新規ビジネスをいくつか実際に手がけ、さまざまな資金の調達方法や、マネープランを描けるプロが一人いると、最良の解決策が容易に手に入るので、成功の確率がそれだけ上がるからです。

予算付けと資金・資本計画

（1）何年分のキャッシュアウトまで面倒を見るのか

新規ビジネスで工場を建てても、実際にそこで製品が製造され、その製品が市場で発売され、売上げが発生するまでは、お金は一円も入ってこないので、本体企業が資金の面倒を見ることになる。それがどれくらいの期間になるのかということは、あらかじめ知っておかなければならない。

言葉を換えれば、新規ビジネスの赤字が続くのを、本体企業は何年間許容するか決めておくということ。

（2）必要なキャッシュの最大量

ここで大事なのは、ビジネスプラン上で必要なキャッシュ量を算出すること。そのうえで仮に、本体企業にそれを用意できるだけの体力があっても、実際にすべて新規ビジネスに投資すれば、本体の事業が明らかに傷つくようなら、そのビジネスはやらないほうがいいということ。

新規事業が成功する確率はきわめて低いのだから、無謀なギャンブルはしてはいけない。

資本で入れるのか、貸し付けるのか

新規ビジネスを別会社で行うとき、投資資金は資本で入れるのか、それとも貸し付けるのかでは、意味もその後の展開も大きく変わってきます。

親会社が資本で入れた場合は、銀行の与信枠等は何ら損なわれず、新会社の資金調達力はそのまま残っていることになります。また、資本金なら返済する必要もありません。

ところが、貸付けだとバランスシート上では借入金ですから、世間的には多額の借入れをしている資本の小さい会社ということになって、資金調達力は落ちるし、理論的には返済の義務も生じます。

また、親会社にしてみれば、資本で入れても貸付けにしても、帳簿上は資産として残るのは変わりません。

そうすると、資本で入れたほうが子会社にとっては、その後の活動が楽だということになりそうです（もちろん、これは一般論で、現実はもう少し複雑ですが）。

しかしながら、ここでもうひとつ考えておかなければならないことがあります。それは、将来この子会社にＩＰＯ（株式公開）させるかどうかということです。

たとえばＡ社が子会社であるＢ社に三億円出資して、ＩＰＯを前提にビジネスをスタートしたとしましょう。

五年後、Ｂ社が予定どおりＩＰＯしたら、利益が一〇億円、ＰＥＲ（株価収益率）二〇倍で、時価総額二〇〇億円という評価になりました。このとき、もしＡ社が全額出資していたとしたら、Ａ社は三億円を五年間で二〇〇億円にしたということになりますね。

でも、Ｂ社の社長にしてみれば、リスクをとって現職を引き受け、五年間現場で汗を流してきた結果、ようやくＩＰＯにこぎつけたのですから、自分だって上場益の恩恵を受けたいと思うのは当然でしょう。また、それに報いることを最初に約束しておいてあげなければ、彼のモチベーションも上がりません。

では、ＩＰＯ時に子会社の社長も利益を手にできるようにするにはどうしたらいいのでしょう。

子会社の社長にも、スタート時に一〇～二〇％の出資をしておいてもらうという手がひとつあります。ただし、三億円の一〇％だと三〇〇〇万円です。それだけの金額を個人で用意するのは簡単なことではありません。

そこで、資本金を三〇〇〇万円にしておいて、残りの二億七〇〇〇万円を貸付けにしておくというのがもうひとつの手。これなら、新社長が資本を持つにしても、一〇％で三〇〇万円ですから、十分現実的な金額です。

資本金の額とＩＰＯ時の時価総額には、基本的には何の関連もありません。ということは、先ほどの例ならば社長には二〇億円分の資産ができるわけです。Ｂ社の社長のモチベーションを考えたら、資本金三〇〇〇万円ではじめたほうがいいということになります（もちろん、インセンティブを与える方法は他にもいくつもあります）。

では、ＩＰＯをしないというのが前提のときはどうしたらいいのでしょう。

この場合は、全額資本金で問題ありません。それで、出資の際に、たとえば利益の一〇％を報酬として社長に支払うという内容の契約を結んでおくのです。

これなら、一〇億円の利益を出せば一億円を報酬としてもらえるのですから、十分なインセンティブになるはずです。

ＩＰＯをするかしないか

将来ＩＰＯをするのかしないのかは、新規ビジネスを開始する時点で決めておくべきです。

ＩＰＯの最大のメリットは、市場から資金調達ができるので、必要なお金が集めやすくなるというところにあります。

しかし、ＩＰＯをすれば不特定多数の人が株主として、その会社の経営に口を出すようになる。そうすると、思い切って初期投資をしてその結果赤字になってもいいというような判断はできなくなります。

たとえば、インターネットが急激に普及してきたのを見て、他社にさきがけ自社の商品をインターネット対応に変更しておいたほうがビジネス上有利だから、来期は赤字になっても大型投資をしたいと社長が思ったとしましょう。ただし、もし本当にそんな赤字の事業計画を発表したら、株価が急落するのは必至ですから、そんなことを株主が許してくれるはずがありません。

また、納税額も負担になるし、四半期ごとに決算レポートを作成しなければならないなど、さまざまな制約や余計な仕事が生じてきます。

そういうことを考え合わせると、皆が考えているのと逆で、株式公開する積極的な理由がないかぎり、ＩＰＯはしないほうが、企業としては強い競争力が維持できるといえそうです。まして、子会社なら、なおさらでしょう。

では、逆にＩＰＯをしたほうがいいというのは、どういうケースでしょう。

ひとつ考えられるのは、会社を拡大していくのに猛烈にお金が必要になる事業を選択した場合。

製薬会社や製鉄会社のような事業は、どんどん新株を発行し、高配当を約束してマネーマーケットからお金を集めないと、競争力が維持できません。こういう事業では、株式公開をせざるをえないのです。

失敗の定義づけ

年商一〇〇億円のA社と、年商一〇〇〇億円のB社が、ともに子会社を作ってレストランチェーンに進出しました。

三年後、両社の子会社とも、年商一〇億円で二億円の黒字。

A社はこの事業を成功と評価しました。ところがB社はこの数字を見て、この事業は失敗だと判断し、すぐに撤退を決定したのです。

なぜなら、B社はこのレストランチェーン事業を、三年間で年商一〇〇億円のビジネスにするのが目標であり、そこに到達できなければ失敗と事前に定義づけていたからです。

年商一〇億円といえばA社の売上げの一〇分の一ですから、A社の本業にとってもかなりインパクトがあります。二億円の利益も、本体の利益が仮に五億円だとしたら、かなりの相乗効果が出る金額です。

一方、年商一〇〇〇億円のB社にとってみれば、手間がかかって二億円しか黒字が出ないビジネスを、いつまでもやっていても仕方がありません。だったら、そこにいる人材を別のビジネスにシフトして、二〇億円の利益を早く出すことを目指したほうがいいというわけです。

　ところが、初めに目標と失敗の定義を決めておかないと、黒字を出しているのだからいいだろうということでずるずる続けて、結果的に企業の経営体質を弱めることにもなりかねません。そういうことが日本の企業では頻繁に起こるのです。

　日産のゴーン氏は社長就任直後、赤字黒字に関係なく、戦略的に重要かどうかだけで子会社を整理しました。そのとき、あれはしがらみのない外国人だからできるのだという声もありましたが、最初に失敗の定義づけをして、なおかつ新規ビジネスにかかわるメンバー全員にそれを周知させておきさえすれば、日本人だからといってできないことはないと私は思います。

　それから、もうひとつ大事なのは、新規ビジネスの成功失敗を判定する人を事前に決めておくこと。小さい会社ならこれは社長か、大企業なら社長から全権を任された新規事業担当部長でいいでしょう。

　そして、もし失敗ということになったら、あとはルールに従って粛々と撤退すればいいのです。

構造上あるいは組織上の問題

（1）事業部にするのか、会社にするのか

とくに事業部にこだわる理由がないのならば、会社にするほうがいい。

同じ新規ビジネスでも事業部だと、どうしてもそれまでの会社が拡大したという感覚になってしまって、気持ちの切り替えが難しい。ところが、会社にすればたとえ一〇〇％出資の子会社であっても、そこは自分たちの城だという意識が生まれ、モチベーションも上がりやすい。そうすれば自ずと成功する確率も高まるからだ。

それから、本体企業とまったく違うことを事業にする場合、勤務形態や評価の仕方などを含む企業文化も異なるのが普通だ。事業部の場合、それを同じ器、単一の基準で扱わなければならないので、コントロールが難しく、社員の間に誤解や軋轢が発生することもままある。それを防ぐためにも別会社にしたほうがいい。

（2）資本は出すのか

子会社にするかどうかということ。簡単にいうと、その事業が儲かると確信しているのなら、出資して自社の連結決算の対象にしておいたほうがいいわけだし、リ

スクが高いと思う場合は、貸付けにして自社のＰ／Ｌを損なわないようにするべきだろう。ただし、全額貸付けにすると、本体企業がコントロールを失ってしまう可能性もあるので、持分法を超えない範囲で出資をするという手もある。

いずれにせよ、子会社だから親会社がすべての資本を出さなければならないということはない。このあたりは素人判断をせず、専門家の意見を参考にすることを勧める。

（３）社長の成功報酬をどういう形態にするか

株式を持たせる、利益に対しその一定割合を支給する、ストックオプションを出すなどが考えられる。新規事業の位置付け、将来の目標、ＩＰＯ予定などを考慮し決定する。

スタッフィング

基本的には発案者がそのまま事業責任者（社長）を務め、足りない部分はスタッフを入れて補助をさせるのが、日本ではいちばん標準的な形です。

そして、業務に携わるすべてのスタッフには、一切の兼務を認めず、基本的に自分の持ち時間のすべてを新規事業に投入させます。

ただし、アメリカでは日本と違って、発案者がそのままCEOになるのはむしろレアケースで、社長は外部から連れてくるのが普通です。

必ずしも発案者に事業をコントロールする能力があるとはかぎらない。それよりもオペレーション能力に長けた経営のプロに任せたほうが、成功率ははるかに上がると、彼らは至極合理的に考えるのです。

「実力があって、給料の安いCEOを連れてくる」というのが、今やベンチャーキャピタルの売り文句となっているというのもそのとおりで、それくらい、優秀でコストパフォーマンスのいい社長が求められているのです。

おそらく日本でも、今後はこの傾向が強くなっていくのではないでしょうか。

また、初期の段階では発案者が事業責任者をやっていても、人数が三〇人を超えるようになると、どうしてもオペレーションの概念のない人では組織が動かなくなります。そこで、途中でオペレーション能力の高い人に社長を交代するケースもあります。この場合は発案者でもある前社長を組織から出す必要はなく、むしろ役員として厚遇すべきです。

人事上の問題

よく、全員の退路を断たないと企業内起業は成功しないという人がいますが、私はこの考え方は支持しません（一般の起業ならそうだと思いますが）。

だいたい、そういうメンタリティーを持った人であれば、サラリーマンにはなっていないはずですから、退路を断たれるのはかなりつらいだろうし、それを考えるとどんなに素晴らしいビジネススキームを考えられる人でも、手を挙げることを躊躇するようになってしまいかねません。

だから、退路を断つのではなく、失敗したら本社に戻れて、しかもそのことがマイナスの評価にならないモデルにすべきなのです。

誰を社長にするかは、すでに申し上げたように、発案者が基本ですが、絶対にそうしなければいけないということはありません。また、スタート時は発案者が社長であったとしても、ステージによってよりふさわしい人間に変更していくことも大切です。

役員に関しては、誰が見てもオープンで正々堂々とした人事がなされているのであれば、本体企業の人だろうが、まったく外部の人だろうがどちらでもいいと思います。

それから、社員のモチベーションに関していえば、企業内起業に学生ベンチャーのような「炎の集団」になれといっても、それは絶対に無理です。せいぜい、そのビジネスの発案者の持っているエネルギーを、周辺にいるメンタリティーの近い数名と共有するぐらいが関の山でしょう。

モチベーションを上げる施策として、教育や研修がありますが、モチベーションを急激に上げるという効果はあまり期待できません。もちろん、全員の平均値の底上げには効果はありますが。

それよりも、今後新規ビジネスの中核として育てていきたい人物がいるのなら、新組織内でＯＪＴを通して鍛えていくのがいいと思います。

ビジネス初期の基本スタンス

徹底した現場主義を貫き、業務の拠点は新しい事務所、店舗、工場等に移します。失敗したら本部に戻っていいというのは、そこにいる間はそのビジネスに集中しろということでもあるのです。

新会社の意思決定

本体企業の社長あるいは新規事業に対し全権を持つ責任者と、新事業体の代表者が一対一で話し合って決めることを重要な意思決定の基本とします。外部の意見を参考にするのはもちろんかまいませんが、意思決定の場にいるのは当事者二名だけです。新規事業体の代表者が発案者と異なる場合、発案者も同席させません。

この話し合いで意見のすり合わせができない案件に関しては、新規事業体の責任者の意見を採用します。これに対し、本体企業の社長がとれる対抗策は、責任者を異動させ別の社長を採用したり、事業体を解散したりする権限を行使することだけです。

評価運営の仕方

新規ビジネスの立ち上げ期に、本業で使用している事業部用の評価シートを使っているケースが結構ありますが、これはすぐにやめたほうがいいでしょう。

すでにビジネスとして成立している既存事業と違って、新規事業のほうはまだ成立しうるかどうかもわからないのです。それなのに既存事業と同じように、数値目標を立て成長率を計っても意味がありません。目の前のことを達成しようとするあまり、事業自体の成功確率を下げてしまうことはよくあります。また評価シートの基準に組み合わせようとするあまり、それが目標のように錯覚し、本来の目標、事業として成立するようにする、事業として目鼻をつける、を見失うことになります。

やるべきことは、今、まさにスタートさせようとしている新規ビジネスが、将来において実際に成立するかどうかを検証し、その成功確率を上げることなのです。

だから、評価するなら量的なことではなく、チラシを配るエリアを何通りも変えてみるというような、質的なところを評価してください。

5
成功率を上げる

外部パワーを入れる

企業内起業の場合、関係者に会社を立ち上げた経験者が創業者以外にいるケースはまれです。つまり、どんなに既存の仕事で有能な社員を集めたとしても、起業に関しては全員が素人なのだといってもいいでしょう。

さらに、全員素人でありながら、そこには組織としてのヒエラルキーが存在しているので、下の人は上位の人の指示に従って動かざるをえない。しかし、一度も会社を起こしたことのない上司が的確な指示を出せるはずがなく、そのままの体勢で進めば、ただでさえ低い新規ビジネスの成功確率はさらに下がり、限りなくゼロに近づいていくことでしょう。

これを防ぐには、新規事業開発チームのなかに、起業経験が豊富で、とくに企業の行う新規ビジネスの立ち上げに関するスキルとノウハウを持った外部のコンサルタントを加えることです。

最低でも六カ月、できれば一年契約で参加してもらって、この時期に何をやるべきかという指示を随時受けられれば、無駄が省けるし、間違った方向に行くことも避けられるので、新規事業の成功確率は確実に上がります。

また、一定期間コンサルタントと一緒に仕事をすることで、彼らの持っている起業に必要な知識なども学ぶことができるのですから、コンサルタントを雇うメリットは、こと新規事業に関しては、限りなく大きいといえます。ただ、コンサルタントといってもカテゴリーによって、得手不得手があります。新規事業立ち上げが得意な、実務経験の豊富なコンサルタントを選ぶ必要があります。

買収して新規事業の器とする

何もないところに一から作りあげるより、あらかじめ技術やマーケットなどを持った会社を買収し、そこを効率よく運営していったほうが、時間も短縮できるし、成功する確率も上がるのではないか。

企業買収に関しては、こういうことがよくいわれます。

確かに、そういう理屈は成り立ちますし、実際に成功例がないわけではありません。

だからといって、買収すればすぐに新規ビジネスに参入できると、安易に考えるのは危険です。

基本的に、日本において買収が可能な会社の大部分は、どこかに問題を抱えていると思って間違いありません。ということは、買収した後に自分たちが、その問題を解決しなければならないのです。それができなければ、かえってその問題のせいで、自分たちではじめるより時間がかかるということもあると、覚悟しておく必要があります。しかも往々にしていわゆる〝かくれ負債〟が存在します。しかし、買収前には見つからないことが多いので、腹をくくって一定額のかくれ負債を見込んでおく必要があります。

また、会社というのは必ず独自の文化を持っているので、買収した場合は、当然、その文化も一緒に引き受けなければなりません。しかし、違う二つの文化を融合させるというのは、決して簡単なことではないのです。現実に、過去に合併を経験した企業のなかには、組織内部に見えない壁ができて、それが何年、何十年たっても崩れないというところがたくさんあります。そして、壁があるような状態では新規ビジネスの成功はおぼつきません。

この文化の違いということも、買収の際には十分考慮する必要があります。

こう考えてくると、買収を否定するものではないですが、買収したほうが成功確率が高くなるとは一概にはいえないということになりそうです。

成長したあとは?

親会社としては、何とか子会社のビジネスを成功させて、一日でも早く成長路線に乗せたいと考えるのが普通です。

なぜなら、そうなれば自分たちの受け取る利益や、有形無形のメリットが増えると思っているからです。

そんなのは当たり前だというかもしれませんが、ちょっと待ってください。それは決して当たり前のことではないのです。

子会社が成長するにつれて、当然ですが、親会社への帰属意識が薄れ、徐々にコンロトールができなくなっていくというケースがあります。子会社のほうが親会社より大きくなりでもしたら、なおさらです。

富士通は富士電機の子会社、ファナックは富士通の子会社でしたが、富士電機が富士通をコントロールしていたとか、ファナックは富士通のいいなりだったなどという話は、聞いたことがありません。

コントロールができないだけならまだしも、なかには親会社に敵対しはじめるなどというところもあって、こうなると、何のために苦労して新規ビジネスを立ち上げたのかわからなくなります。

そうならないためには、最初から、子会社は業績がよくなると親会社のいうことを聞かなくなる可能性があるということを意識して、対策を打っておくことです。

もし、徹底的にコントロールが必要だと考えるなら、子会社の社長に絶対権限を持つ余裕を与えないよう、社長の任期を決め、毎回本体企業から送り込むようにする。それから、財務担当の責任者を押さえておけば、お金の出入りが常に監視できるので、やはり、財務担当者も親会社から送ったほうがいいでしょう。

あるいは、NTTグループのように、NTTドコモのような巨大な企業のコントロールはできなくても、グループ内の稼ぎ頭として連結決算に貢献してくれるし、利益も配当で還元してくれるのだからよしとするというように、あらかじめ妥協点を決めておけばいいというわけです。

6

利益を本体に還元する

子会社から親会社へ利益を還元する方法に関しては、いくつか考えられます。

（1）親子間の取引

親会社から、相場より高い部品を子会社が買い、それを製品化して販売するようなケース。これだと子会社は儲からないが、親会社は利幅が大きい分確実に利益を得ることができる。

親会社に対し、高額のロイヤリティーを支払うというのもこれに入る。ただし、税法上問題になる場合もあり、あまりお勧めはできない。

（2）ＩＰＯ

新規事業を立ち上げるにあたって、資本金一〇億円を全額親会社が出資して子会社化する。その後、子会社をＩＰＯさせるとき、子会社の利益が三億円でＰＥＲが二〇なら、株式時価総額は六〇億円となるので、親会社は帳簿上は、五〇億円分資

■大塚雅樹社長プロフィール

大塚雅樹

㈱ジェイティービーモチベーションズ　代表取締役

産業組織心理学会員、日本ベンチャー学会会員

社団法人関東ニュービジネス協議会　理事

一九六一年　東京生まれ。

一九八六年　明治大学法学部法律学科卒業、ＪＴＢ入社。東京新宿支店配属。

一九九一年　本社市場開発室に異動。モチベーション・ビジネス事業開発に参加。

一九九三年　㈱ジェイティービーモチベーションズ設立。同社へ出向。

二〇〇四年　㈱ジェイティービーモチベーションズ代表取締役就任。

ビジネスのアイデア——社長がアメリカでモチベーション・ビジネスに出会う

当社の創業は一九九三年、国内で、企業に対する「モチベーション・ビジネス」というものを初めて本格的に立ち上げた会社になります。

ＪＴＢ内で本ビジネスの企画が持ち上がったのは一九九一年。当時のＪＴＢ松橋社長が、米国で先行してモチベーション・ビジネスを展開していたマリッツ社を参考に、日本でも同じようなビジネスができるのではと考え、のちに、本社内の市場開発担当に研究の指示を出したのがはじまりです。

その後、モチベーション・ビジネス・プロジェクトを社内で正式に立ち上げることが決定し、プロジェクト・メンバーを集めるために社内公募が行われました。ちなみに、当時「モチベーション」という言葉はほとんど世の中に流通していなかったため、公募のタイトルにも「『インセンティブ・ビジネス』のプロデューサーを募集します」とモチベーションという言葉は使われていなかったのです。

公募に対する社内の反響は大きく、多くのＪＴＢ社員より応募がありました。そのなかから当時新宿支店で営業を担当していた私が選ばれたのです。

私はもともと、働く人の「やる気」をどう高めるかということに非常に関心を持っていました。

支店営業時代、企業向けインセンティブツアー（報奨旅行）を手がけていたときのことです。あるとき、某企業のセールスコンテストの報奨旅行に参加する顔ぶれが、毎年だいたい同じことに気がつきました。成績優秀者の上位二割は、ほとんど変わらないのです。最初は、彼らは報奨旅行に参加したくてがんばるのだろうと漠然と思っていたのですが、話をしてみると、どうもそうではありません。けれども、じゃあ何が彼らのやる気を引き出しているのかというと、これがよくわからない。

また、いつも同じ人が表彰されていたら、他の人は逆にモチベーションが下がってしまうのではないだろうかなどということを、考えたこともありました。

そういう問題意識を持つうちに、だんだんと、働く人の「やる気」を引き出す手法にも興味を持つようになっていったのです。

だから、この公募を目にしたときは、大げさではなく、まさに私のためのプロジェクトだと思いました。私が選ばれたのも、このプロジェクトをやるべき人間は私しかいないという強い確信があったからだと思います。

ビジネスの立ち上げ――スピンアウトにこだわる

モチベーション・ビジネスの担当となったのは、公募で選ばれた私と、もともと市場開発室にいた私と同年代の人間と、このプロジェクトのために法人営業部門からヘッドハントされてきた一〇歳ほど上の年代の役職者の三人です。それぞれ得意分野や業務背景は異なり、当初はあまり共通点が感じられませんでしたが、毎日のように侃々諤々《かんかんがくがく》のやりとりをしているうちに、少しずつこの事業に対するパッションを共有することができるようになってきて、途中からはとても良いチームになりました。後にこの三人が、そのまま新会社立ち上げメンバーとなるのです。

プロジェクトといっても実際には「モチベーション・ビジネス」というフレームがあっただけで、このプロジェクトが何をやるのかということに関しては、何ひとつ決まっていませんでした。

ただ、当初社長が考えていたような「モチベーション・ビジネスが旅行を売るためのきっかけになればいい」という程度の覚悟で取り組んでもうまくいかないだろうということは、三人で議論を重ねるうちにはっきりしてきました。それで、私たちの手でまずビジネスのコンセプトを作ろうということにしたのです。

そこで、発想の原点であるマリッツ社を三人で訪問し、実際の現場を体感しようということで、渡米しました。そこで目の当たりにしたのは、驚くような事例でした。たとえば、彼らのやり方というのは、セールスコンテストの際、参加者に対し、奥さんや彼女を登録させ、「三カ月の販売コンテストで成果を出したら、あなたの最愛の人にこんな素晴らしいプレゼントが届きます」というようなもので、はっきりいって日本人には向いていないと思いました。帰国後は、「日本人がどんなことでやる気になるのか」を探求しながら、ビジネスモデルの構築を急ぎました。

そうした準備をしつつ、ビジネス化に向けて動いていくわけですが、社内を説得するのには非常に時間がかかりました。九三年当時は、まだモチベーションという言葉はほとんど世間でも知られていなかったので、役員会に何度企画書を提出しても、そのたびに「英語としてはわかるけど、何を売るんだ？」といわれる始末。そもそも、JTBのドメインである旅行と関係ないので、反対者はいても積極的に「やろう」という人が少ないのです。

そこで、本業とは関係ないからこそ、本業の旅行ビジネスの邪魔をしない。価格競争に陥っている企業向け旅行サービスに新しい付加価値をもたらす。モチベーションコンサルティングと報奨旅行などを組み合わせて展開していけば、旅行までワンストップでとれるのだから、JTBグループとはWIN―WINの関係を保てるなど、この事業を行うメリットを具体的にしました。

さらに、役員のなかに私たちの理解者をつくり、その人に応援団になってもらって他の役員を説得してもらうという作戦を立て、市場開発担当の常務に、私たちがやろうとしていることの中身を徹底的に説明したのです。

この作戦は功を奏し、最終的には社長が「これは、旅行という従来のビジネスと異なる新しいビジネスだから、外に出そう」と、私たち側についてくれました。それで、他の役員も「まあ社長がいうなら」ということになり、私たちはなんとかスピンアウトできることになったのです。

結局、役員会を説得するのには半年かかったものの、最終的に私たちの思ったとおりに事が運んだのは、やはりメンバー三人のモチベーションが高かったからだと思います。

決定時につけられた条件は、三年目の単年度黒字化と五年目の累損解消。それ以外はほとんどありませんでした。あとはJTBの支店ネットワークを、営業ルートとして活用しなさいといわれたくらいです。

ビジネスの展開——三年目で骨格ができる

ジェイティービーモチベーションズがスタートしたことは、社内でもすぐに話題になりました。

法人営業から来た役職メンバーが初代社長になったのですが、当時彼は三九歳。現場の営業マンたちが、「がんばれば自分も社長になれるんだ」とやる気になりました。また、旅行に付帯したビジネスでないものに会社がお金を出すということは、過去あまりなかったので、その意味でも社内に大きな影響を与えたと思います。

しかし、新会社がスタートしてしばらくは、あまりうまくいきませんでした。前述のようにモチベーションという言葉が、世間ではまだほとんど認知されていなかったので、営業にいっても「いったい何を売るの。研修?」と、こちらの趣旨や意図がなかなか伝わらないのです。

また、そういう戦略性が高いビジネスは、企業内の人事部がやるべきであって、外部にお願いするものではないということもよくいわれました。

ＪＴＢグループは旅行業というイメージが定着していたことも、当初は足かせとなることが多かったのです。

そのうちに、ＪＴＢの支店から同行営業の依頼がくるようになりました。報奨旅行をやめて代わりにホテルで表彰式を行うという企業が増えるなかで、表彰式となるとＪＴＢの支店では会場を確保することはできても、コンテンツを提供する能力がありません。そこで、私たちのところにお願いしたいということになったのです。同じグループとして協力してあげようという好意的な雰囲気も感じられ大変ありがたく思いました。それで、「やる気を高める表彰式」をいくつか手がけることになり、結果的にはそれが、後の単年度黒字に貢献してくれたのです。

ただ、二年目まではＢＳ、Ｐ／Ｌともボロボロで、決算書だけで評価されていたら「お前らそろそろ決断しろ」といわれても正直不思議ではないと思っていました。それでも、本社が何もいってこなかったのは、本社内に起業経験や事業勘のある人がいなかったから、撤退の判断ができなかったのかもしれません。また、日本ではまだなじみのなかったビジネスだったので、スタート当初はずいぶんマスコミにも取り上げられ、それがＪＴＢの効果的な宣伝になったと社内で評価されていたというのもよかったのでしょう。

そうやって苦労しながら試行錯誤を繰り返してきたころ、大学の先生にも協力を仰ぎながら、約一万八〇〇〇人のビジネスマンにリサーチを行いました。その結果、内面的な承認や成長実感など、日本人のモチベーションを引き出す要素を見つけ出すことができて、三年目にやっとモチベーションを科学的に測定するツールである「ＭＳＱ」が完成しました。個人や組織のモチベーションの現状を評価、課題を発見し、ソリューションを提供するサイクルとなったわけです。「ＭＳＱ」の完成、販売によって、コンサルティングの基本メソッドが出来上がり、それらのデータの蓄積によって、今日にいたるという感じです。

新規ビジネスのポイント――企業内起業ならではのメリットを活用

大型投資を必要としないビジネスなので、資金援助的なものはほとんど必要ありませんでした。ただ、出向者という形で人的サポートをしてもらえたのは、まさに企業内起業だったからこそできたことです。出向人材の素質に関する要望はなかなか希望どおりとはいきませんでしたが、最終的には本体側に戻ることを前提に、短期間で成果をコミットさせることで、戦力化できることもわかりました。旅行業ではあまり成果を出せなかった人が、出向してきて大きく伸びたケースもあります。

大きな会社で新規事業がうまくいかないことについては、押し出す会社側の意思と、現場を担う人材の両方に原因があるのではないでしょうか。会社側には、新しい事業を生み出し育てることと、投資とリターンを評価することを一緒にできるセクションを置くべきです。また、人材に関しては、それこそ入社時からアントレプレナーシップ教育を行うと同時に、社外からも経験者を積極的に受け入れられる体制も必要でしょう。要は、寄らば大樹の陰ではない人材をどれだけそろえられるかだと思います。

マガシーク㈱

- **本社：東京都千代田区**
- **設立：二〇〇三年四月一日**
- **資本金：一一億五六六一万八〇三二円**
- **事業内容**

取り扱いブランド五一二、会員数約七四万人（二〇〇八年三月現在）を誇る、女性向けアパレルショッピングサイト「magaseek（マガシーク）」を運営。有名女性向けファッション誌と提携し、掲載された衣服や靴などを発売日から購入できるというコンセプトのもと、二〇〇〇年のビジネス開始より短期間で急成長を遂げ、現在ではファッションECの有力サイトとして圧倒的な支持を得ている。最近では、ウェブ上のアウトレットショップである「アウトレットピーク」、男性版マガシークである「mfm（マガシークフォーメン）」などビジネスを拡大。

■井上直也社長プロフィール

井上直也
マガシーク㈱　代表取締役社長

一九六五年　神奈川県生まれ。
一九八七年　早稲田大学法学部卒業、伊藤忠商事㈱入社。
二〇〇〇年　伊藤忠商事繊維部門の社内ベンチャーとして、マガシーク事業を立ち上げる。

二〇〇三年　マガシーク㈱を設立、社長として出向。
二〇〇六年　マガシーク㈱へ転籍。同年一一月、東証マザーズ上場を果たす。

ビジネスのアイデア――妻のひとこと

当社は、伊藤忠商事発の社内ベンチャーです。伊藤忠商事の社内プロジェクトとして、マガシーク事業を二〇〇〇年八月より開始し、スタートから二年半後の二〇〇三年四月に伊藤忠商事一〇〇%出資子会社としてマガシーク㈱を設立。その後大手出版社の出資をいただき、二〇〇六年一一月に東証マザーズへの上場を果たしました。

私自身がここまで来られたのは、周囲の人に恵まれた、というのが最大の理由だと思っています。入社二年目から上場まで、ずっと上司としてかかわってくださった伊藤忠の先輩、プロジェクト開始時上司であった当時の所属部署の課長、NTTドコモとの交渉の窓口を開いてくれた同期など、社内・社外のさまざまな方との出会いと、そのバックアップを得られたことが、成功の大きな要因だと考えています。

私が伊藤忠商事に入社したのは一九八七年です。最初からファッションをやりたいと思っていて希望を出し、配属されたのがユニフォームの部隊。当時の郵政省など官公庁担当となりました。ただ、ファッションといっても仕事の中身は、ネクタイが年一〇万本、防寒コートが来年は八〇〇〇着必要なので生地を確保する等、正直入社して一、二年目はあまり仕事に身が入りませんでした。

しかし、そんな仕事も覚えるとおもしろさがわかってきて、入社五年目には都営バスの制服で大きな受注を取るなど、気がつけばユニフォーム営業マンとしてすっかり一人前になっていました。

私は、大学時代から起業に対し漠然とした憧れを持っていたものの、具体的にこれをやりたいというものまではなく、とりあえずネットワークを広げようと就職先に商社を選んだのです。

ところが、入社しても起業の案件などにはそうそう出会えず、いつの間にか起業に対する情熱も薄れつつあった私に、突然転機が訪れました。

入社七年目、二九歳のとき、私に海外経験をさせようという上司のはからいで、香港でアパレルビジネスに就くことになったのです。

日本のアパレルの仕事を伊藤忠が受注し、それを海外生産するというある意味下請け的な生産管理の仕事だったのですが、これがなかなかうまくいかずに苦労しました。クライアントのオーダーどおりに作るだけなのに、オーダーと全然違っていたり、ラベルの位置がずれていたりといったミスが多く、そのたびに謝罪や値引きなどを行わねばならないのです。商社がそんな下請け仕事をしていたらいけないなというのを当時、強く感じました。

また、香港では誰もが独立精神旺盛で、大手企業に勤めるよりも、小さくとも社長のほうが偉いとされるような文化があります。そんな香港のアパレルの社長さんたちから「なんでお前は独立しないんだ」といわれているうちに、いつしか学生時代の起業に対する憧れがよみがえってきました。

香港で二年間働き、日本に戻ったときは三一歳、所属部署のなかでもすっかり中核になりました。

再びユニフォームの営業となり、民間会社のユニフォーム担当として、三〇社ほどのクライアントを抱える多忙な日々ながら、香港で刺激を受けたこともあって、このままでいいはずがないと思っていました。

折しもインターネットが普及しはじめた時期でもあり、さらに伊藤忠にはお金も人材もそろっているのです。まだターゲットは決まっていなかったものの、何かをはじめたいという気持ちだけは、日に日に大きくなっていきました。

当時、私がユニフォームを担当していた会社のひとつに、ファミリーマートがありました。

あるとき、そのファミリーマートに伊藤忠から出向し「ファミマ・ドット・コム」というサイトを企画していた先輩から、「繊維の井上君も何かファッションでコンテンツ考えてよ」という宿題をいただきました。これが、マガシークのアイデアを考えはじめるきっかけとなったのです。

最初は、スタイリストがコーディネイトしてくれるサービスなどを考えていたのですが、なかなかこれといったものが思い浮かびませんでした。

それがある日、妻と話をしていると「みんな女の子は雑誌を見て買っているわよ。雑誌を見てほしいと思った服を検索して買えたら売れるんじゃないの」といわれ、「あ、これはいい」とピンと来たのです。

ようやく「これでいける」というアイデアが見つかったので、次はそれをどうやって実現するか。本来はもっとも悩むところですが、まず「いろいろなファッション雑誌がこうやって検索できて、さらに、こうすると商品が購入できる」という概要を画に描き、提案してみることにしたのです。

そして、それを社内で提案したのが一九九九年の秋。当時、私はユニフォーム部隊の稼ぎ頭で、いちばん予算を持っていて、その私が抜けると、部署の運営がかなり厳しくなるのは明らかでした。だから、「よくわからないけれど、そこまで井上がやりたいなら専任にしてやってみなさい」といってくれた課長には、今でも本当に感謝しています。

ビジネスの立ち上げ――多くの人に支えられ、立ち上げ時の苦境を乗りきる

そこから立ち上げまでは、わりととんとん拍子にいきました。

まず、インターネット上でニーズの調査をしたところ、「そういうサービスがあったら使いたい」という回答が、なんと八割以上の人からあったのです。

それで、ますます自信を深めた私は、続いて、伊藤忠のネットワークを最大限に活かし、アパレルメーカーにヒアリングに行くことにしました。

最初に訪問したある大手メーカーで、社長にマガシークのプランを説明し、ぜひ貴社にも協力を仰ぎたいというと、「おもしろそうだ、ぜひやってみたい」と、意外にも好意的な返事がいただけました。

他社を回っても「伊藤忠がやるならやってもよい」「他のメーカーがやるならやってもよい」というような具合で、結局、訪問した大手アパレルメーカーは、ほぼすべてが協力を約束してくれたのです。

ところが、出版社の説得は難航しました。インターネットが徐々に広まりつつあったとはいえ、まだ黎明期の域を出ていないのに加え、当時の出版社には、保守的な考え方をする人が、いま以上に多かったのです。

そのなかで、最初に理解を示してくれたのが小学館でした。以前、雑誌『CａｎCａｍ』で通販ブックを出したら、読者からかなり反響があり、「雑誌に載っているのと同じものを買いたい」というニーズは確かにあるということを、担当者が実感していたのも大きかったと思います。

ただし、そのときはオペレーションが大変で、後が続かなかったそうで、「伊藤忠さんと組んでできるなら、こちらとしてもありがたい」と、逆に歓迎されてしまいました。

こうして、企画提案から四カ月で、スタートに向けた最初のパートナー体制がほぼ完成しました。

すると、当時の上司が「ここまで来たなら、ものになるかどうか一度やってみろ」

と、それまで私がユニフォーム部隊で担当していた三十数社のクライアントを後輩に割り振り、私をマガシーク・プロジェクト専任にしてくれたのです。

それで、私は席も移動し、ようやく何も気にすることなく、マガシークの立ち上げ準備に専念することができるようになりました。

パートナーが決まったら、次はサイトを運営するためのプログラムやサーバーの構築といったシステムを作らなければなりません。これは、ECの仕組みを作る部隊が伊藤忠の宇宙・情報・マルチメディアカンパニーにあり、快諾してくれたので助かりました。

それからシステム面では、NTTドコモが運営するiモードに、公式サイトとして採用されたのも大きかった。

当時、iモードは、立ち上げからまだ半年くらいしか経っていなかったにもかかわらず、すでに大変な人気になっており、iモードの公式サイトになりたいという事業者が、まさに猫も杓子もの状態でドコモへ殺到していたのです。

そんななかでマガシークが、幸運にもiモードの公式サイトになれたのは、宇宙・情報・マルチメディアカンパニーでNTTドコモの担当をしていた同期が、たまたまiモードの立ち上げメンバーと懇意で、マガシークを強く推薦してくれたからでした。何にせよ、iモードのファッションのEコマース案件で最初の公式サイトになれたことで、その後、マガシークの事業が格段にやりやすくなったのは、いうまでもありません。

二〇〇〇年三月に専任になり、そこから物流、システムなど一人何役も兼ねながら準備をしてきましたが、会社もさすがに一人では難しいだろうと思ったのか、六月からは社員がもう一人加わり、派遣社員等を含め、総勢七名という体制になりました。この七名がマガシークの立ち上げメンバーというわけです。

小学館の雑誌発売日との兼ね合いで、サービスの開始は八月としました。専任になってから、四カ月でサイトオープンまでこぎつけたことになります。

伊藤忠には、新規事業に関しては、三年間赤字が続くか、そうでなくても黒字化の目処が立たない場合は撤退というルールがあります。

マガシークに関しても、これ以外の特別な条件を会社側から付けられることはありませんでした。部長からいわれたのも、「損失は部の決算でマネージできる範囲に抑えろ」だけ。

ただし、数字的なコミットは行いました。数字といってもコストからペイできる売上げを逆算して初年度の予算とした程度のもので、商品調達の見通しもわからないなかで、正直何の根拠もなく数字合わせをしただけでした。ですから、案の定、初年度はその数字に届かず、すごく査定を下げられてしまいました（笑）。

人件費、物流費がかかるなかで、一年目、二年目と赤字が続き、ようやく三年目の途中に、単月黒字になりました。

そんな状況でも社内から干渉されずに済んだのは、黒字化するまでの最初の二年半は、事業自体が元の部の内部に所属していたので、部の決算収支のなかに赤字を紛れさせることができたからかもしれません。というのも、部の売上げ自体に余裕があったので、部長の裁量でかなり融通がきいたからです。

部長は「うまくいくかいかないかはオレの腹のなかだ。行けると踏めば会社に押すし、だめだと思ったらさりげなくフェードアウトしよう」と、常々いってくれていました。

以前、同じ部内で海外の子供服を取り扱う事業を行ったとき、部から出してすぐに会社にしたら、最初から累損が重なっていき、社内でも非常に目立ってしまい撤退を余儀なくされたということがあったので、その経験を踏まえてのことだと思います。

とはいえ、売上げは伸びてもなかなか黒字化できない二年間は、非常に苦しんだのは確かです。専任というのは逃げ道がないということですから、大げさでなく、自分としては背水の陣だと思っていました。

それで、とにかく三年以内に黒字化させようと、とくに力を入れたのが費用の削減でした。広告も自社では出さずに、NTTドコモの雑誌広告で宣伝してもらったりもしました。経費を削りながら広告を出せないか、ということで知恵をしぼったアイデアです。結果的に、そのNTTドコモの広告は大きな反響を呼び、マガシークも多くの会員を集めることができました。

ビジネスの展開――試行錯誤の結果、最良の形が見つかる

スタートした当初の最大の誤算は、商品調達でした。こちらはアパレルメーカーの社長の決裁をいただいてサイトに載せているのに、メーカーの現場では商品を既存店舗分しか作っていなくて、マガシークに回す分がないということが、どこのアパレルメーカーでも頻繁に起こったのです。

それで、メーカーからは一枚、二枚しか商品が来ない。スタート時には全部合わせても一五〇枚くらいしか商品がありませんでした。それなのに、会員数はあっと

いう間に一万人に達し、わずか一五〇枚の在庫はたちまち完売。パートナーのNTTドコモや小学館から怒られてメーカーに泣きついても、ないものはないといわれればどうしようもありません。

仕方がないので、マガシークの担当者はもちろん宇宙・情報・マルチメディアカンパニーの担当者まで総出で、百貨店やあちこちのショップを回って、商品を買い集めました。あるだけ買っていくのですから、店舗にしてみれば救世主です。「井上さんたちが来ると、いつも三〇万円分くらいは買っていってくれるので助かります」と、店長さんから直々にお礼をいわれたこともありました。

なぜ商品が集まらなかったかというと、当初は「これとこれだけ出してください」と、雑誌に掲載されたものだけを求めていたからです。

アパレルメーカー側からすれば、雑誌にどの商品が掲載されるかなんて生産段階ではわからないのです。それに、雑誌に掲載されれば店舗でも売れるのですから「雑誌に載った商品だけください」というのは、じつに虫のいい話なのです。

この事実に気づいてから、方針を変更し、雑誌に掲載された以外の商品も、こちらで写真を撮ってサイトで売ることにしました。そこで、メーカーにその旨を説明し、「出せる商品を出してください」とお願いして回りました。

メーカー側も、雑誌に掲載されていない商品が、果たしてサイトで売れるかどうか、最初は半信半疑だったようですが、しばらくして、けっこう売れるということがわかってくると、通常の店舗のひとつという扱いで、商品を配分してくれるようになりました。今では、「このブランドは昨年一〇〇〇万円売ったので、今年は一三〇〇万円売りましょう」というような交渉も、当然のごとくやっています。

以後、マガシークは順調に売上げを伸ばし、今では、各メーカーの店舗別売上げの上位には、必ずマガシークが入るまでになりました。構造としては、雑誌掲載商品を求めて入ってきたお客様が、それ以外の商品も買ってくれることで売上げのボリュームが上がっているのです。実際、売上げの多くは雑誌非掲載商品が叩き出しています。

まさにトライ&エラーを行いながら、その結果、現在の形態にたどりついたというわけです。

マガシークは、伊藤忠の社内では、成功した新規事業のロールモデルと捉えてもらえているのではないでしょうか。最近では、私が新入社員向けのスピーチの依頼を受けたり、伊藤忠の若い社員から「こんなことを考えているのですが」と企画を持ちこまれたりすることが増えました。

新規ビジネスのポイント——人物の選定が重要

企業内で新規事業を立ち上げ、成功させるには、その事業を誰に任せるのかという人の選定がいちばん重要ではないかと思います。新しいことをいろいろ工夫してやってみようという人は、商社であってもそんなにはいません。

また、ゼロベースで立ち上げることに向いている人と向いていない人がいるので、部内や本部内で、新規事業に関するブレストをしながら、向いている人間を見極めるシステムが必要です。その際、新規事業を牽引していく人と、サポートに向いている人とをきちんと分けて選ぶことができれば、成功確率はかなり上がるのではないでしょうか。

㈱ウェブマネー

■本社：東京都港区

■設立：一九九八年三月二四日
■資本金：四億一二〇〇万円（二〇〇八年五月三一日現在）
■事業内容
ECにおける決済機能を有したサーバー管理型電子マネー「WebMoney（ウェブマネー）」の発行・販売及び電子決済サービスの提供を主たる業務とする。ウェブマネーはコンビニエンスストア等の販売店や、ウェブサイト、携帯電話からオンラインで購入でき、ウェブマネー加盟サイトで決済が可能。

安全性が高く、利用者を選ばず、簡単に使えるため、インターネットユーザーより高い支持を獲得し、音楽配信・動画配信・オンラインゲーム・グッズ販売などの多くの優良ECサイトが導入している。

二〇〇七年ジャスダック　NEOに上場を果たした。

ビジネスのアイデア――ネット上で勝てるビジネス

ウェブマネーは筆者がインターネットで手がけた、電子決済のシステムで電子マネーを発行するビジネスです。

話は何年かさかのぼりますが、パソコンの黎明期に、少しでも起業家マインドを持った人は、誰もがパソコンを使って革命を起こそうと考え、必死になって儲かるネタを探していました。

それで、ほとんどの人はソフトウェアを作る競争に参加していくのですが、私の知っているなかで、ただ一人、ソフトバンクの孫正義氏だけがその競争に背を向け「私はソフトウェアを作らず、運ぶほうの仕事をします」と宣言したのです。そして彼は「ソフトバンク」というソフトウェア流通会社を立ち上げました。

ゲームやビジネスのソフトウェア開発は、いってみれば表のはなやかな仕事です。それに比べ運び屋というのは、言葉は悪いけれど「汚れ仕事」じゃないですか。夢も希望もないわけです。だから誰もやりたがらない。それを孫氏だけが喜んでやるといったのです。そして、私たちを前に、あなたたちは素晴らしいプレーを見せてくれ、私はそのための舞台を作ります、と演説をぶったものです。ところが、最後に勝って笑ったのは誰かといったら、孫氏でした。ソフトウェアの激しい戦いのなか、一方マーケットはどんどん成長していきます。そのなかで誰が勝っても儲かるのはソフト流通だったのです。

一方、飛ぶ鳥を落とす勢いで成長してきたヤフーが、あっという間にグーグルの後塵を拝すようになったのを見てもわかるように、インターネットの世界では誰が勝つかわからないし、一時勝利を手にしたとしても、その勝利は永遠ではありません。

しかし、流通やインフラを押さえてしまえば、誰が勝とうが関係なく自分のところは必ず儲かるのです。

パソコンという新しいツールを見て、瞬時にそういうことを考えた孫氏のビジネスセンスには、正直頭が下がります。

しかしながら、私がインターネットを前にして、電子決済というビジネスを選んだのには、十分合格点をもらってもいいのではないでしょうか。

私は、インターネットが世に出てきたとき、これはいったい将来何に使われるようになるのだろうということをまず考えました。

世界中の人がつながるインターネットが商業の何にいちばん向いているかといったら、それはデジタルコンテンツの配信です。

当時はまだ電話回線（アナログ）とＩＳＤＮしかありませんでしたが、こんなのはいずれ光ファイバーに取って代わる、そうすれば通信速度も速くなり、容量も大きくなるので、動画などのあらゆるデジタルコンテンツが、ネットを通してやりとりされる時代がくることが、私にはすぐに想像できました。

そして、そのとき絶対に必要になるのが、ネット上での決済システムです。

そう思ってみると、すでに電子マネーは海外にも日本にもいくつかはあったものの、ほとんど普及していませんでした。しかし、それはニーズがないのではなく、商品の構造に問題があったから普及しなかったのです。使い勝手は悪いし、安全性も不安、通貨としての信頼性も獲得できていない。何より、匿名性が担保できないのが問題だと思いました。

ネット上の決済にも匿名性は絶対に必要です。別にそれが違法や不道徳なものでなくても、そこでお金を支払った痕跡を残したくない買い物は必ずあります。そういうとき、リアルな世界なら現金で支払えばいいのですが、当時、ネット決済で使用可能だった電子マネーもクレジットカードも、ともに本人確認が前提で、匿名性に対応できませんでした。

それから、本人確認が必要なお金というのは、基本的に子どもは持つことも使うことも許されない。ところが、デジタルコンテンツには子ども向けのものだってあるし、ネットを使った対戦型のゲームなどは、まさに子どもが主な顧客じゃないですか。

現実の世界だって、クレジットカードを持てない子どもは現金で買い物をしています。つまり、現金のような匿名性のある決済手段がないということは、子どもをマーケットから締め出すということにほかならない。そして、子どもが入れないマーケットに、未来があるはずがないのです。

それで、私は、これまでなかった現金のような電子マネーを作ることにしました。具体的には、実体の見えないネット上のお金を、ウェブマネーという実体のあるプリペイドカードにいったん置き換え、それを現実の世界で流通させるという作戦をとることにしました。ネット上のマネーをあえて、一度、実世界のマテリアルに戻したのです。

このウェブマネーは、プリペイドカードなので、誰が使ったのか相手には、個人情報が特定されることはありません。それから、額面が二〇〇〇円や五〇〇〇円ですから、クレジットカードのように不正に使われて、数百万の被害を受けるなどということもない。

使用方法は、コンビニなどでカードを買って、ネット上でお金を払うときに、そのカードに書かれた一六桁の数字とアルファベットを入力すれば、自動的にカードの残額分まで支払えるという簡単なものなので、子どもでも簡単に使えます。

私はこのウェブマネー事業を、アスキーサムシンググッドという、当時私が社長を務めていた会社の一事業としてはじめました。

ビジネスの立ち上げ――売るために売らない戦略で成功

ウェブマネーのプレス発表を行うと、すぐに全国のコンビニやパソコンショップ、家電量販店から問い合わせが相次ぎました。それで営業が説明に行くと、すぐにウチにも置かせてくれと話が決まってしまう。それくらい待ち望まれていた商品だったのです。

しかし、私はあえて自社の営業に「売るな」という指示を出しました。

「大手のコンビニが置きたいといってきているのでぜひ売らせてほしい」と、事業部長と営業部長に食い下がられたときは、机を叩いて「アホか」と怒鳴りつけた。それくらい徹底して売ることを抑えたのです。

もちろん売れることはわかっていました。じつは、奇しくも当社がウェブマネーの特許を出願しにいったその日に、同様のプリペイド方式の電子マネーの特許を出しにきた会社がもうひとつあったのです。仮にX社としましょう。

そのX社は最初からカードを売りまくっていて、それがまた飛ぶように売れていくものだから、横目でそれを見ている当社の営業は悔しくて仕方がないわけです。

では、なぜそんなに売れるものを、私は売るなといったのでしょう。

勢いに任せて売っても、それを買ったユーザーがいざそれを使おうと思ったときに、使えなかったらどうですか。その人は使えるようになるまで次のカードは買いませんん。そうすると、ひととおりユーザーに行き渡ってしまったら、店頭ではもう売れないということになります。

売れない商品を店頭に並べておいても仕方ありません。しかし、いくら引き取ってあげたくても、プリペイドカードというのは金券ですから、法律上それはできないのです。返品は法律で禁止されているわけです。だから、お店は不良在庫を抱えたまま泣き寝入りするしかないのです。

そうすると、ユーザーにとっては使えない、店側には売れない商品という烙印を押されて、そこで終わってしまいます。

それがわかっていた私は、まずネット上でゲームや音楽といったコンテンツを配信するサイトに猛烈に営業をかけ、ウェブマネーが使えるサイトを増やしながら、それに合わせて流通量をコントロールしていくというシナリオを書きました。だから絶対に売らせなかったのです。

その結果、当初は完全にX社に水をあけられていたものの（もちろん、売っていないわけですから）、すぐに逆転し、やがて一日の決済量で一〇〇倍の差がつくほどに差をつけました。まさにウェブマネーの完勝といっていいでしょう。

私は、当時の高津社長の粘り強い営業と他社よりすぐれたマーケティングシナリオの勝利だと思っています。

ビジネスの展開——五億円を一気に返済する

ウェブマネーの開発には、トータルで五億円ほどかかりました。この費用はアスキーサムシンググッドが銀行から借り入れたものですから、返済しなければなりま

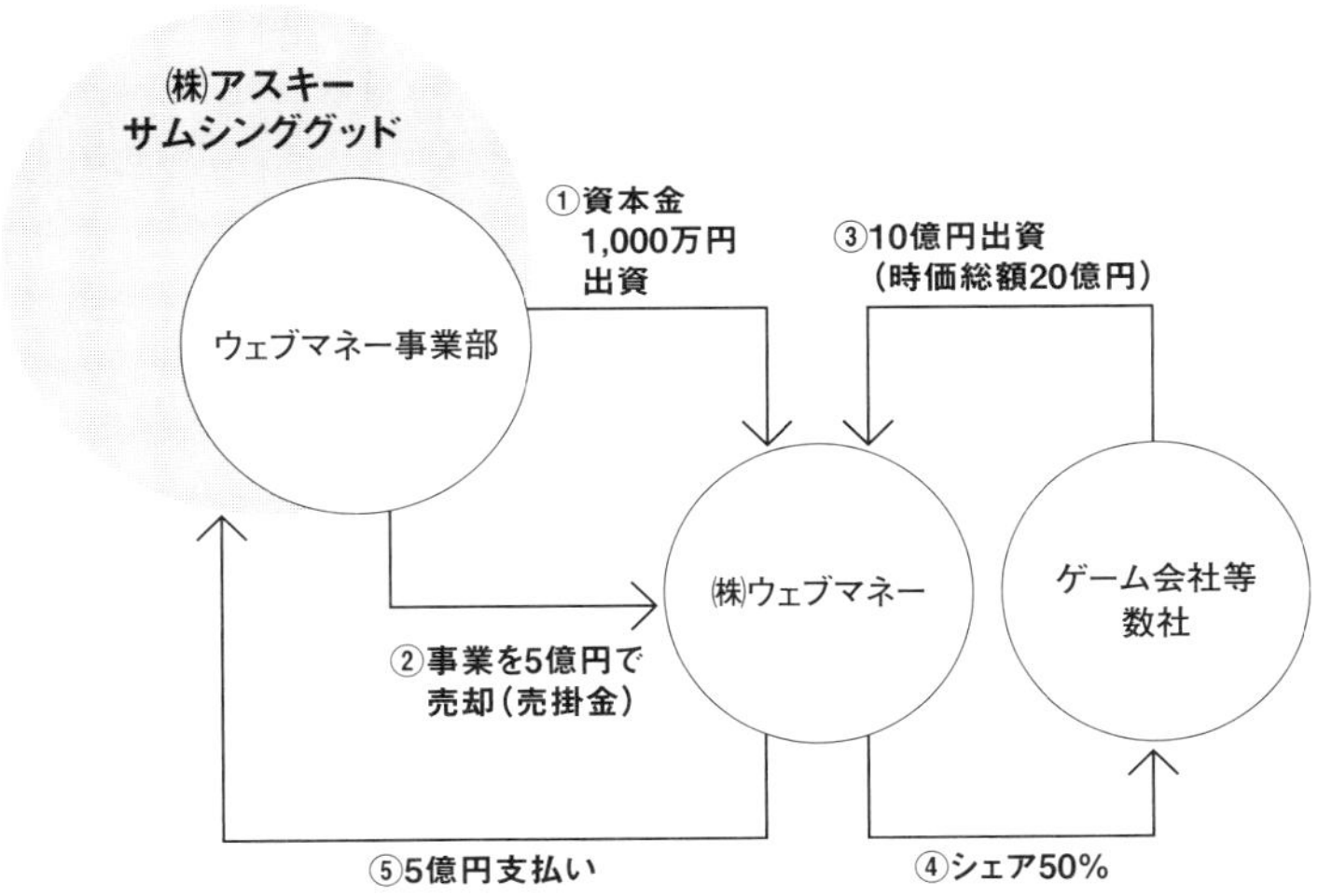

※数字はダミーである。

せん。

それで私はどうしたかというと、ややこしいのですが、まず、アスキーサムシンググッドの下に別の「㈱ウェブマネー」という一〇〇％出資の子会社を作り、そこに、アスキーサムシンググッドの事業部であるウェブマネーを丸ごと、売却しました。売却金額は五億円としておきます。

次に、㈱ウェブマネーはソニー・ミュージックやセガと契約します。この時点で㈱ウェブマネーは、もう海のものとも山のものとも知れぬベンチャー企業ではなく、大手サイトが契約するくらい将来性のある会社ということになりました。

そうやって信用を付けたところで増資をし、コーエーやスクウェア(当時)、エニックス(当時)などの著名な会社に株式を時価で持ってもらいました。仮に時価総額が二〇億円として、半分の株をアスキーサムシンググッドで持ち、もう半分を外部の株主が持ったとしましょう。そうすると、一〇億円の現金が㈱ウェブマネーには入ったわけですから、すでにここで五億円の返済が可能ということになります。

さらに、㈱ウェブマネーは二〇〇七年にＩＰＯをしています。これで株主の資産は一〇〇億円を超えます(公開直後)。

こういうやり方を知っているかいないかということが、じつはビジネスのアイデアなどよりもよっぽど重要な場合があるのですが、それをわかっている経営者は日本にはまだまだ少ないようですね。

アルダス㈱

■設立

一九九二年二月　サムシンググッド社と米国アルダス社とのジョイントベンチャーとして設立。

■事業内容

DTPソフト「Page Maker（ページメーカー）」等の日本語版開発及び販売。

ビジネスのアイデア――高付加価値の商品を探し、DTPソフトと出会う

ページメーカーという名前をご存じでしょうか、世界を代表するＤＴＰのソフトウェアです。そして、このページメーカーの日本語版を作ったのが、何を隠そうサムシンググッドという、私が大学生のときに作った会社なのです。

このページメーカーを手がける以前のサムシンググッドではワープロやデータベースソフト、スプレッドシートなどを作り、それなりの実績をあげていました。

しかし、市場に出た当初は斬新な商品も、時間が経てばだんだんと陳腐化し、付加価値が下がっていきます。たとえば、カーエアコンが最初に世の中に出たときは、それを開発したメーカーは、それだけ売っていれば大儲けできたはずです。ところが、今はカーエアコンといっても、自動車部品のひとつとしての価値しかありませ

んから、たぶんカーエアコンだけではそれほど儲けることはできないでしょう。

それと同じで、ワープロやデータベースソフトというのは、パソコン市場ができた初めのころから開発されてきていて、すでに付加価値も下がり、それほど儲けられるアイテムではなくなっていました。

そこで、私はワープロなどよりも、もっと高度なパソコンの使い方を必要とするものにシフトしていきたいと考え、それにふさわしいものを探していました。高度な使い方をされるものこそがこれからの成長市場を作り、同時に付加価値の高い商品になりうると思っていたのです。

一九八六年に、シアトルのパソコンショップで、私はついにそれを見つけました。それが、ページメーカーだったのです。

マッキントッシュ上で記事の割り付けやら文字の流し込みやら、新聞製版とまったく同じことができてしまうのを見て、私は心底驚きました。当時のパソコンでこんなことができるとは想像もしていなかったので、大げさでなく世界が変わるとすら、そのときは感じました。新聞でさえ、やっと電子製版（鉛のハンコを並べるのをやめて）に代わったところだったのです。

同時に、これこそ私が探し求めていたものだと確信しました。

まず、ＤＴＰソフトというのは、年賀状ソフトなどと違って、あくまでもメインターゲットがプロフェッショナルです。そして、プロ用なら、中身がよければ高くても売れるじゃないですか。それはそうです、プロというのは、出来上がったものでお金を稼がなければなりません。よりいいアウトプットができるなら、それは自分の評価や収入に跳ね返ってくるのです。それを可能にしてくれるものに投資を惜しむはずがありません。高くても、少しでも性能のよいものがほしいわけです。

そして、それは販売するほうにしてみれば、高付加価値商品になりうるということでもあるのです。

しかし、いくら私がＤＴＰソフトに衝撃を受け、魅力を感じたとしても、それを一から開発するのは時間がかかり過ぎるし、ブランドバリューもほしい。だからそれよりも、このページメーカーの権利を取って、日本語版を作って売り出すほうが、現実的だと思ったものです。

それで、ページメーカーの発売元である、シアトルにあるアルダス社に乗り込みました。

ビジネスの立ち上げ――あくまで有利な契約にこだわる

案の定、アルダスにはページメーカーの日本語版を作って売りたいというオファーが、すでに日本からいくつも来ていました。

アルダス自身も、もともと日本のマーケットには関心があったようで、すでに日本のソフトウェアハウスと組んで、日本語版を作っていました。しかし、その中身たるや、縦書きもできなければルビもふれないというおもちゃのようなシロモノだったのです。そこで、私はアルダス側に、最低でも縦書きと横書きの混在に対応できて、ルビがふれなければ新聞や雑誌の編集はできないと教え、同時に、自分のところに開発を任せれば、そのあたりのことをすべてクリアした最高の日本語DTPソフトに作りかえてみせると、すかさず自分たちの技術力の高さをアピールしました。

さらに、私のしつこい営業力と大胆なプレゼンテーションもあって、最終的には日本の大手コンピュータメーカーやソフトウェアハウスのなかから、晴れてサムシンググッドがアルダス社の日本のパートナーに選ばれたのです。

このとき私たちが結んだのは、開発契約と販売契約で、開発に関してはサムシングッドがフルリスクをとる、つまりアルダス側からは開発資金は一円も出ないということです。

そうすると、開発原価は販売利益で回収するよりほかありません。ところが、欧米の企業というのは、日本人に開発だけさせておいて、出来上がったところでいきなり自分たちでその商品の販売網を作るようなことを平気でやります。そうなったら、販売利益で開発原価を回収するという計画が水の泡になってしまう。

それで、これこれの条件を満たしたら、自動的にアルダスとサムシンググッド両社でジョイントベンチャーを作り、すべての権利と業務をそこに移動するということを、半ば強引に納得させ、契約書にもしっかり入れ込みました。

それから、アルダス側はサムシンググッドが、五年間でこれだけ儲かるということをグラフやスプレッドシートを使って説明し、掛け率などを決めようとしたので、私はそのグラフの三年目より後ろをマジックペンで消して、二年間で利益が出る契約じゃないと飲めないと突っぱねたのです。

変化の激しいコンピュータの世界ですから、いくらアルダスといえども、五年後にどうなっているかわからないじゃないですか。私ははっきりそういって、二年間でこちらが十分儲かる内容に契約を書き換えさせました。

ちなみに、私は学生時代にちり紙交換のアルバイトをやっていて、その話は以前から彼らにもしていたので、このときホワイトボードの前に立ち、「これは五年間でどれだけトイレットペーパーが使われるか計算できるペーパーリサイクル・ビジネスではない」と一発かましたところ、それが大いに受けて、一気に場がなごみ、彼らが折れたのです。

ビジネスの展開――できることは何でもやる

ページメーカーの日本語版の開発は、想像以上に大変でした。まず、そのころのウィンドウズは機能が低くて、日本語をハンドルできるだけの能力がなかった。そこで、私は直接マイクロソフトと交渉し、ウィンドウズのソースコードをアメリカから日本まで送ってもらって、ウィンドウズごと書き換えるという、今では考えられないことをやりました。おおらかな時代ですね。

それから、ページメーカーのほうも、欧文のシングルバイトの横書き文字とは相性がいいのかもしれませんが、縦書きやルビには、どういじっても対応ができません。ページメーカーというのはエディターのオバケなのです。

それで、ほとんど一から作り直しましたから、ソースコードを見てもオリジナルの痕跡はほとんど見つからないはずです。

結局、一年がかりでページメーカー（マッキントッシュ版、ウィンドウズ版）、ウィンドウズそのもの、それから各社プリンタのドライバーをすべて書き換え、ピークでエンジニア三〇名。廊下にまで机が並び、仮眠室も作りました。開発費用が約五億円かかりました。当時の最有力コンピュータ誌に、ソフトウェアの日本語化の新たなスタンダードを築いたと評価されたものです。

しかし、その開発費用の回収にかけたのはわずか一日。

私はページメーカー日本語版の流通をソフトバンク一社に独占させることと引き換えに、発売初日に数億円分をキャッシュ・オン・デリバリー（物と引き換えに現金をもらうこと）で買い取るという契約を結んでいたのです。

販売に関しては、まだまだおもしろい話がたくさんあります。当時日本のコンピュータの七五％はＮＥＣ。そのＮＥＣがウィンドウズそのものの販路を押さえていたのです。まだウィンドウズはほとんど普及していません。

そこで私は直接ビル・ゲイツに会いにいって、「ＮＥＣだけではウィンドウズを早く普及させることはできないから、ソフトバンクにもウィンドウズを売らせてほしい」といいました。そうなれば、ページメーカーもウィンドウズも同じ売り場で買えるようになり、ページメーカーが買いやすくなると考えたのです。当時はパソコンにウィンドウズはプリインストールされていませんでした。だから、もしページメーカーを買っても、別にウィンドウズを買わなければ使えませんでした。

そうして帰国したら、すぐにNECの担当者が飛んできて、無料でウィンドウズのディスクを供給してくれることが決まりました。これで、ページメーカーを買えばウィンドウズも付いてくるという販売が可能になったのです。

どんなビジネスも、ここまでやらなければ成功しないということです。

あとがき

リクルートや京セラのように、新規事業を立ち上げるのがうまいといわれている会社があります。

次々にニュービジネスを生み出して、すべてが成功しているようにさえ見えます。

もちろん実際はそれほど成功率は高くないですが、それでもかなりの確率です。

一方、その他の大部分の会社が、世界に名だたる日本を代表するような企業群を含めて、新規事業をうまく立ち上げることができません。

自分たちでも、自分の会社は、ニュービジネスを立ち上げるのが下手だと、平気で自己分析しています。

この違いは何でしょうか?

ちょっと、思い出してみてください。

そんなに目立たなかった子が、名門進学校に入るとみるみるうちに実力を上げ、有名大学に受かったり。そういう学校の子は遊んでいるように見えて、平均点が高かったり。

また、高校野球の名門校に入ると、自分より下手だった子がいきなりうまくなって甲子園に出場したり。

じつは、この差は成功体験からくるものだと考えています。

名門進学校に入ると、皆が当然のごとく名門大学に入ると信じているので、周囲に引っ張られて（精神的にも、技術的にも）少しずつ感化され、自分も当然名門大学に受かるのだ、こうすれば受かるのかと自信を深めていきます。それがよい相乗効果を起こし、現実に簡単に受験に成功してしまうのです。

野球の名門校に入ると、厳しい練習をさせられますが、なかば自動的に野球のレベルが上がり、最終的には甲子園レベルの選手になるわけです。先輩の話を聞き、先輩のスイングやフォームを見ると、自然にイメージが定着し、精神的にも強く、野球もうまくなっていくわけです。ピッチャーが投げる球のスピードさえ全国レベルですから、それに慣れていると、自分も速く投げなければならないのがわかるし、目も慣れているので、他校のピッチャーの球も打てるというわけです。

これを、成功体験の共有といいます。

そして、その子らがまた次の子に成功体験を語り、プレーを見せ、次々と好循環が起こります。

新規事業開発でも同様のことが起こっています。前述の会社で新規事業が次々立ち上がる理由はこれなのです。

新規事業を立ち上げた先輩がいる、まだその印象が冷めやらぬうちに、自分もできると次の新規事業を立ち上げようとする。それを会社も理解し、本社の役員たちも自分がどう振る舞ったらいいかを理解している。そして、またよい前例ができて、好循環につながる、とこういうわけです。

したがって、それ以外の会社が、新規事業を立ち上げるためには、逆の悪循環を断ち切らねばなりません。

まず成功体験を持つことから、好循環ははじまります。

そのために、あらゆる方法を使って、第一号の成功を生み出す。それこそがスタートです。

本書を、そのきっかけとして、成功第一号を生み出す武器として活用してください。

そのうえで必要なら、外部から監督を招き入れるように、成功体験を持つ人をアドバイザーに入れて、悪循環を断ち切るべきだと思います。

著者紹介

㈱フロイデ会長．事業開発プロフェッショナル．山形大学客員教授．

専門は新規事業創出，ビジネスモデル構築，M&A.

1957年京都市生まれ．東京大学入学後，在学中にソフト制作会社㈱サムシンググッドを設立する．以後も㈱ソフトウィング，アルファシステム㈱，アドビシステムズ㈱（当時社名アルダス㈱），㈱ウェブマネーなどを設立し代表，会長に就任．うち数社を年商数百億ビジネスに育て上げる（以上すべて現在は退任）．

日本のITビジネスの黎明期より，その牽引役として活躍．ソニーSMC70，シャープX68000，WINDOWS3.0J，プレイステーション等の開発に深く携わったほか，ウェブマネーはそのビジネスモデルの構築段階から中心として関わり，インターネット通貨のスタンダードとして成功を収める．

現在，これまでの実業家経験を生かし，ハンズオン型のコンサルティング活動を行っている．

著書に，『頭のいい人が儲からない理由』（講談社，2007年）がある．

新規事業がうまくいかない理由

2008年9月11日　発行

著　者　坂《さか》本《もと》桂《けい》一《いち》
発行者　柴生田晴四
〒103-8345
発行所　東京都中央区日本橋本石町1-2-1　東洋経済新報社
電話　東洋経済コールセンター03(5605)7021　振替00130-5-6518
印刷・製本　東洋経済印刷

Printed in Japan　ISBN 978-4-492-55617-7　http://www.toyokeizai.co.jp/